ヨットレースの世界は、ここ10年ほどで大きく変化しています。

アメリカズカップへ挑戦したニッポンチャレンジができたころからでしょうか。海外から多くのレーサーが日本へやってきて、また日本のセーラーが海外へ行く機会も多くなりました。そこからレース艇の艤装、走らせ方、クルーワークなど、最新のテクニックが我が国へも次々と流入してきました。これまで考えられていたヨットの常識も、時間とともに様変わりしてきたのです。

本書では、現在進行形のレーシングデッキワークを、ブイ回りのインショアレースを中心に解説しています。

ヨット入門書は読み終えたというレース初心者の方、あるいはクラブレースで上位を目指したいレース好きの方を対象にしています。

登場するセーリングスタッフはいずれも現役レーサーです（P.82）。彼らの一挙手一投足から、デッキ上の“動き”を感じ取ってください。

あくまでも「クルーワーク」を主眼にしてまとめました。レースルールやタクティクスについては、高木 裕氏との共著『図解ヨットレーシング』を、またセールトリムについてはさまざまな解説書が出ているので、あわせてご覧ください。

（本書はKAZI誌上で2001年9月号から2002年5月号まで連載されていた『クラブレーサー虎の巻』を、加筆、修正して単行本にまとめたものです。）

目次 Contents

第 1 章

［準備と艤装］

THE RACING CREW WORK　CHAPTER 1

使いにくけりゃ工夫しろ!!

艤装の工夫でワンランクアップの走り

とにかくすぐに海に出たい!!　と思われるだろうが、ちょっと待て。ハーバーでやっておかなくてはならないことは山ほどある。

セールをたたむなんていうのは、基本中の基本。当たり前すぎて、聞くのも恥ずかしいし教えるのもメンドクサイ。本書でもう一度おさらいしておこう。

「トップを走っていたのにトラブルで遅れてしまった」なんてぼやいているあなた、それは運が悪かったのではない。そのトラブルを事前に見抜けなかったクルーの責任なのだ。

強いチームは、クルー全員が「目」を光らせてトラブルの元となる前兆を見逃さない。そんな目を養うのはやはり経験なのである。まずは本書でその基本を学んでいただきたい。

さあ、海に出る前に、まずは艤装をもう一度見直しておこう。

レーシング艤装の基本

使いやすい艤装を目指せ

トラブルを未然に防ぐため、各部をチェックしながら艤装にとりかかろう。部品が壊れる時には何らかの前兆があることが多い。見逃さないように、クルーの目を総動員してチェックだ。

艤装は納艇時のまま使い続ける必要はない。使いやすいよう、トラブルがなくなるように工夫しよう。一度でもトラブった個所は、その原因を検証し、工夫して解決しよう。アイデアが浮かんだら、どんどん試してみる。使ってみてダメだったら元に戻せばいい。

気が付いたことは必ず書き留めておき、次のレースまでに実行する。そうこうするうちに艇は次第にレーシングマシーンに生まれ変わっていくはずだ。

本書でモデルとなってくれたセーラーたちは、様々な艇種に助っ人として乗り込むことも多い。一流のセーラーは、初めて乗った船でも一目でトラブルが起きそうな個所を見つけ事前に対処する。そして、アッという間にベストな艤装、取り回しに変更してしまう。これはつまり『基本はどんな艇種でも同じ』ということなのだ。

基本のレーシング艤装

ジブシート、スピンシートは正しく取り付けられているだろうか？　上・下、外・内の重なりに注意しよう。

基本的なセッティングとしては、ジブシートはスピンポールの上、トッピングリフトの前を通る。

レイジーシート（またはレイジーガイ）を持つ艇ではジブシートの上にアフターガイ、その上にスピンシートがくる。本書のモデル艇（ヤマハ30S）では、スピンシートがアフターガイと兼用になる。つまり風上側のスピンシートがアフターガイとなるわけだ。ガイ、シートともにサイドステイの外側を通る。

ツイーカーはスピンシート（あるいはアフターガイ）のリード位置を調節する。ツイーカーやスピンシートは艇種によってライフラインの内側を通るものと外側になるものがある。一度スピンを揚げて、ライフラインにシートが干渉しないところを通そう。

艤装時には、スプライス部やシャックルが傷んでいないかもチェックすること。これはマリーナを出る前に確認し、スタート海面に着く前に再確認だ。

ロープの取りまわし

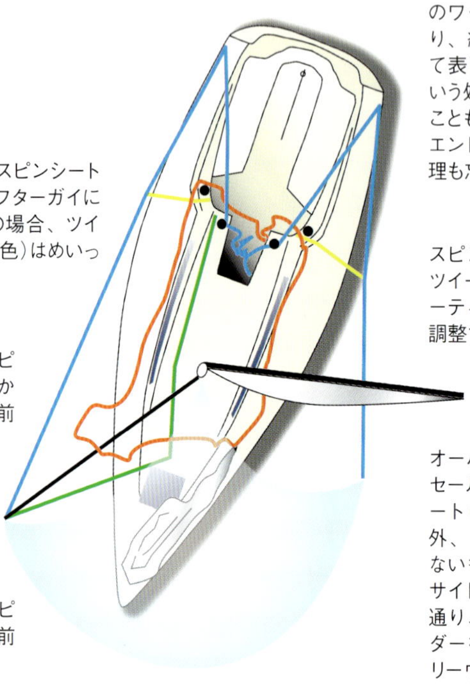
風上側のスピンシート（青）がアフターガイになる。この場合、ツイーカー（黄色）はめいっぱい引く
ジブシート（赤）はスピンポールの上。なおかつトッピングリフトの前を通る
フォアガイ（緑）でスピンポールを下（かつ前方）に引く
新品のロープは滑る。洗濯機で洗って表面のワックスを落としたり、紙ヤスリでこすって表面を荒らしたりという処理が必要になることもある。もちろん、エンドのほつれ止め処理も忘れずに
スピンシート（青）は、ツイーカー（黄色）でシーティングアングルを調整する
オーバーラップのあるセール（ジェノア）のシートはサイドステイの外、オーバーラップのないもの（＃３など）はサイドステイの内側を通り、ジブシートリーダーを通ってプライマリーウインチへ

ピット平野のアドバイス

「後でやろうとか、あのくらいなら大丈夫だろう、と思って対処しなかった部分は、必ずと言っていいほどそこからしっぺ返しがきます。シートや部品のトラブルでレースを落とさないように、自分の担当のチェックはもちろん、他のポジションまでも見られるようにしよう。常に効率の良い、使い勝手の良い艤装を考え、改良を重ねるべく努力することがポイントです」

フィッティングのTips

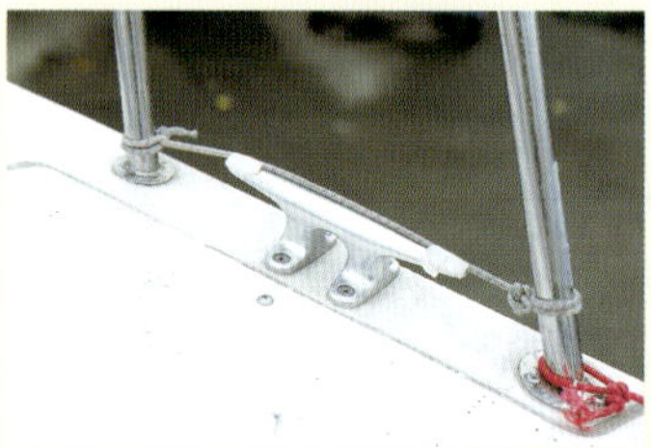

本格的なレース艇には係留用クリートは付いていない。これは単に軽量化というだけではなく、レース中、ロープ類がクリートに絡まるなどというトラブルを防ぐ意味もある。レースばかりしているわけではないクラブレーサーの場合、係留用のクリートはやはり必須だ。レース中だけガムテープで固めてしまうのもいいが、こうしてショックコードを張っておけば、クリートとしての機能も残したまま、ロープの絡みを防ぐことができる

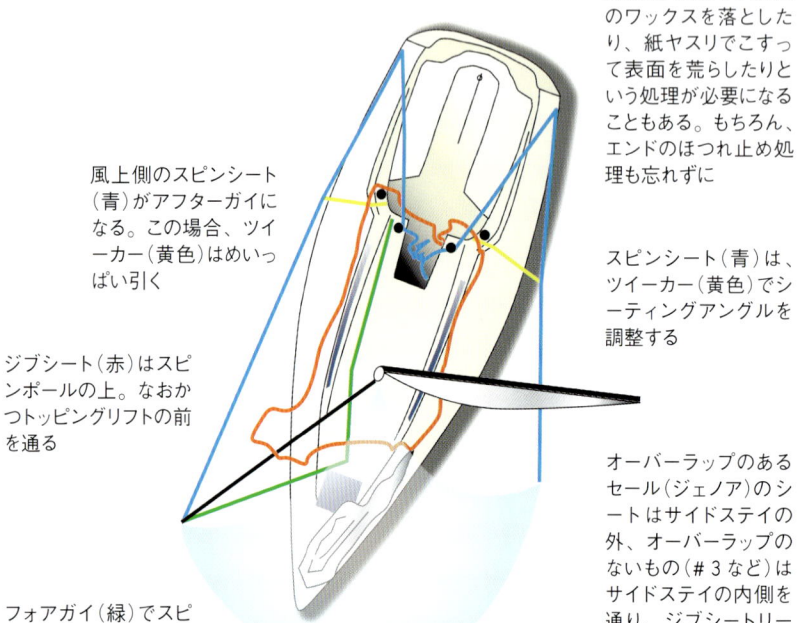

通常、フォアガイはバウハッチすぐ後ろに見えるパッドアイにリードされる。しかし、軽風のコンディションなら、マストステップ付近にリードすればアフターガイの出し入れのたびにフォアガイをいじる必要がなくなるので楽だ。ただし、強風下、それもリーチングになるとこの場所ではスピンポールを下方向に引っ張りきれない。その時は元の位置に付け替える。簡単に付け替えられるように、ブロックはスナップシャックルで止めるようにするといい

トラブルの防止

軽量化も艇速アップには欠かせない要素だが、その分、耐久性が落ちるといったデメリットもある。無駄なもの（これが結構いっぱいあるのだが）を積まないことは当然として、艤装の工夫は「ノントラブル」と「使い勝手の良さ」をテーマに進めよう。

ブームバングが重くて引けない……というなら、筋力アップを図ると共にテークルを増やしてみるのもいい。かといって、軽くなった分だけ引きしろは多くなる。試行錯誤で自分に合った艤装を目指そう。

クリートの取り付け位置や角度もよく考えよう。工場出荷時のままで使い続ける必要はないのだ。

スナップシャックルもワンハンドで開閉できるタイプの物に換えるとバウワークはぐっと楽になる。ついでにジブシートも、舫い結びではなく、ジブシート用のスナップシャックル（プレスロックシャックル、Ｊロックなど）を使うのもいい。

バウハッチ部分が滑ると思ったらノンスリップテープを貼る。ロープ類やデッキには目印のマーキングを付ける。ロープ類がゴチャゴチャになるというならシートバッグを付けるなど、常に工夫の心を忘れないようにしよう。

ただし、最後は「シンプル・イズ・ベスト」だったりするのだが……。

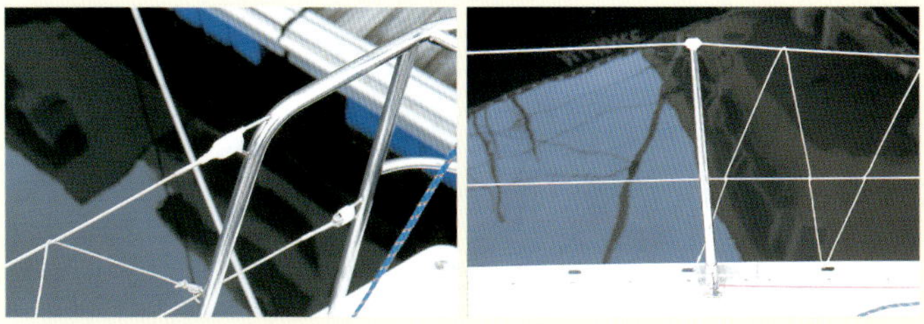

デッキ上の尖った部分は、ビニールテープでテーピングし、セールやスピンが引っかかって破れないようにする。また、シャックルの外れ防止やピンの抜け止めにもなる。あくまでも擦れ止めと、ピン類の抜け止めが目的。ターンバックルなどガチガチにテーピングしている船をよく見かけるが、あれはあまり意味がない。また、テーピングしっぱなしも良くない

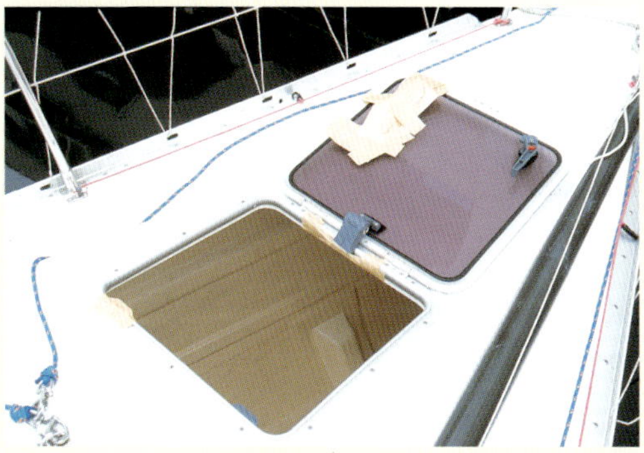

スピンをハッチホイスト（バウハッチから上げ下げ）するなら、その際、スピンが引っかからないよう、でっぱりはガムテープやビニールテープでカバー。片舷側のレバーを残しておけば、ハッチは閉められる。強風時はハッチホイストはしないので、当然ここもテーピングはしない。海水が入らないようにガッチリ閉じておきましょう

フォアステイに沿わせてスナップシャックル付きのストラップをセットする。写真では見えないがエンドはタックホーン（ジブタック）に結んである。スピンランの際に、空いているジブハリヤード（写真の緑のハリヤード）をこれに繋ぐ。この状態でテンションをかけておけば、テンションをかけたままでも、ジブをセットできる。ランナー付きのボートなら、フリーの間にリグ・フォアアード（空いているジブハリヤードを使ってマストを真っ直ぐに起こす）している時にでも、ジブをセットしておくことができる。このストラップは、スピン交換の時にも利用できるので、ランナーの付いていない艇でも有効だ。写真下に見えるプレフィーダーは、いざという時にはオープンできるようになっている。途中までジブを揚げて、フィーダーの上から降ろしてしまった、なんて時にも慌てなくて済む。市販されていない、バウマン伊藝のオリジナルだ

こういう部分もスピンがはさまらないように細いショックコードやビニールテープを捩って張りガードする。実際にはここに引っかかることは少ないが、転ばぬ先の杖ってやつなのだ

メインセールのセット

メインセールは、マリーナ内でセットしておく。この際、バテンのセットは慎重に。レース中にバテンが飛び出してきたら、簡単には直せない。これはメインセールトリマーの責任だ。

最近のセールの多くは、バテンポケットの内側にベルクロテープが付いていて、インデューサーと呼ばれる道具（簡単にいえばバテンの切れっぱし）を使ってテンションをかける。

テンションの程度は、風の強弱やリグの違い、バテンの堅さなどで異なる。目印もないし、おまけにいったんセットしてしまったらセールを降ろさないとテンションの調節はできないのでセットするメイントリマーの責任は重大だ。試行錯誤で身につけよう。

バテンは薄い方が前。長さや堅さはそれぞれ違うので、間違えないように「top」「mid-upper」「mid-lower」「bottom」というふうにバテンに書いておこう。古いセールのバテンとゴチャゴチャになったりもするので要注意。

また、レース中にバテンが折れることもある。薄い部分を切れば堅いバテンに、厚い方を切れば柔らかいバテンとして使用できるような汎用性の高いものを1本、スペアとして積んでおきたい。

メインセールをたたむ

レース後、使い終わったメインセールは、ロールした状態でしまうと折り目が付かない。

ロールする場合、小型艇ならピーク側からそのまま丸めていってかまわないが、船が大きくなるとピークボードも大きくなる。この部分がかさばってロールが大きくなってしまわないように、一度真ん中辺（トリムストライプに合わせると良い）で2つに折ってから丸めていくと良い。40ft以下の小型艇ならピークから丸めていっても良い（折り目がなくなる）が、ピークボードでセールを傷つけないように、カバーをするなどの工夫が必要になる。

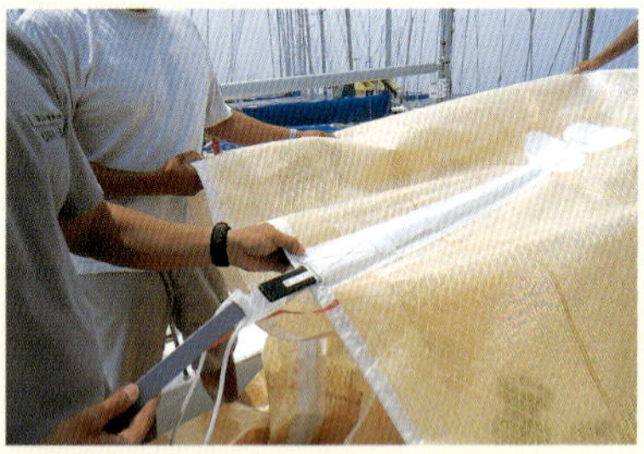

バテンポケットのベルトにインデューサーをひっかける。このベルトにベルクロテープが付いているのだが、インデューサーが間に入るので、ポケット側のベルクロと直接接しなくなるわけだ

このままバテンを押し込む。この時のテンションのかけ具合が重要。で、インデューサーを引き抜くと、その部分のベルクロ同士がひっつく。バテンを抜くときは、ベルトに付いている細いロープを引っ張り無理矢理ベルクロを剥がすか、インデューサーを突っ込む

これは真ん中から二つ折りにしてロールしているところ。小型艇なら、ピークからそのまま巻いていってもいい

セールをセットしたらブームの上にたたむ。要領はヘッドセールをたたむのと同じだが、バテンが入っているので、バテンに平行にたたむようにするといい。タックおよびクリューアウトホールはちゃんと留まっているか確認しよう。特にルーズフット（フットのボルトロープがブームのグルーブに入らないタイプ）の場合、メインセールのフットはタックとクリューだけで止まっている。レース中にアウトホールが外れる（あるいは切れる）とセールは完全に風になびいてしまってセットし直すのがやっかいだ。チェックは確実にしよう。これもメインセールトリマーの責任だ。ここには、アウトホールとは別に短いロープをセットしておくと良い。フリーでアウトホールをいっぱいに出した時にちょうどピンと張る長さにしておけば、いい目安になるし、もしもアウトホールが切れても、リカバリーが楽になる

スピネーカーのパッキング

スピネーカーは左右対称なので、裏返しに揚げても特に問題はないのだが、一応、左右のテープの色を変えてある。右舷側が緑(あるいは青)、左舷側が赤になる。航海灯の色と同じだ。フットは白いテープになっている場合が多い。

レース中、あるいはレースとレースの合間に艇内でたたまなくてはならない場合もあるので、日頃から素早くパッキングできるように練習のつもりで行おう。

まずは、いずれかの辺をたぐっていくのだが、どこからやっても同じことだ。そこで、現在の状態を頭の中で把握する。どこから手をつけたら楽なのか、あるいは確実なのかを判断しよう。

通常、スピンが取り込まれた直後なら、ピークが一番手前に来ているはずだ、ならば、ピークから左右の縁(赤と緑)のテープを片方ずつたぐっていく。

あるいは、緑のテープをたぐりタック(クリュー)まで行ったら、次は白いテープをたぐって反対側のクリューまでたぐってもいい。2辺をたぐれば捩れは確実に取れるはずだ。

スピンバッグはあらかじめ足元に広げておくと良い。この場合、テープをたぐるサイドをあらかじめ決めておき、それにバッグの左右も合わせて置く。バッグも赤い側と緑の側に色分けされているはずだ。あるいは、蓋が外側に開くように開けた状態で、右側に緑のテープ、左側に赤いテープが来るようにしておけば混乱しない。

バッグに詰めるときはフット側から。スピンが展開される時を考えて入れよう。つまりタック側(たいていは緑のテープ側)は先に出ていくので後から入れる。もちろんピークも最後に。ピークとタック側が同時に引き出せるようにしよう。

右に緑色のテープ、左に赤のテープが見える。分かりやすいように広い場所で行っているが、実際にはキャビンの中で行うことが多い。できれば、レース前はこうして広げ完璧にパックしておきたい

フットからバッグに入れていくが、タック、クリューは残しておき、ピーク側を折り畳むようにして重ねていく。タック、クリューは最後にバッグの両脇の方へ折り重ねていく

ピーク、タック、クリューの3点をバッグに留める。留めるためのベロがベルクロで付いているはずだ。付いていなかったら……自分で付けた方がいい。要は、3点を見失わないようになっていればいい

スピンクロスは薄いので破れやすい。小さなピンホールも見逃さないように、こうしてチェックしよう。「トップを走っていたのに突然スピンが破れて……」なんてのは言い訳にすぎない。小さな前兆を見逃したクルーの責任なのだ。手を抜くな、ここからレースは始まっている

バウマン伊藝のアドバイス

「スピンのパックは必ずバウマンが行うようにします。他人任せにしても、最終的にスピンがうまく揚がらなければ自分の責任なのだから。バッグに詰める時は出ていくときのことを考えて、詰め込むのではなく折り重ねるという感じ。スピンがバッグからスムースに出ていけば、ハリヤードを引く作業も楽になりますからね」

ヘッドセールのたたみ方

　最近の、オーバーラップのないジブには、バテン入りのものが多い。レース前にはバテンを入れ、ソーセージバッグにきちんとしまっておくこと（つまり、レース後はバテンを抜いてしまうということ）。ヘッドセールも、バウマンが納得いくようにたたもう。

たたむ時はラフ（写真手前側）が揃うように。ラフが揃うということは、ラフに対して直角にたたんでいくということになる。スピン同様、バッグはあらかじめ下に敷いておく。バッグには前後があるので、必ず守る。これは重要。普通はセールメーカーのロゴは前にあり、ファスナーは後ろから前へ向けて閉める

ラフ側はセールタイで縛る。こうしておけば、バッグから出した状態でもばらけないし、解いたセールタイをバウマンがそのまま持っていれば、次に降ろしたセールを急いで収納する時に、ラフだけ縛ってバッグには入れずに……なんてことも可能だ。このあたりは各々の好みだが、バウマン伊藝は強く推奨している

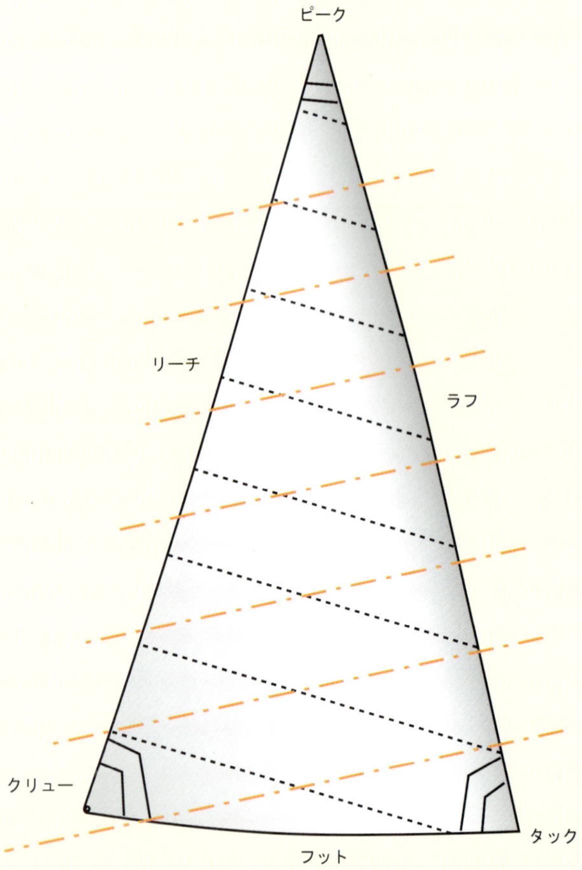

ラフを揃えてたたむためには、ラフに直角に折る（イラスト赤線）。フットに合わせて折っていくと、ラフが後ろにずれていってしまう。最初の一折りが重要だ

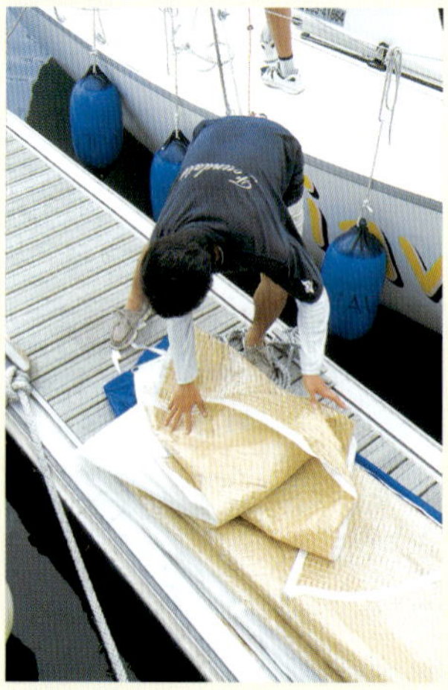

通常、ヘッドセール用のソーセージバッグはセールよりも短い。ラフ側をバッグの端に合わせ、クリュー側はこうして折り畳む。が、クリューリングは一番外側に出るようにしておくこと

クリュー側からファスナーを閉めてセット完了。これらの作業は、2人でやった方が効率がいい

バウマン伊藝のアドバイス

「ソーセージバッグのファスナーには、短いヒモを付けるといった工夫をしておきます。こうしておくと、真冬の手がかじかんでいるときでも全然ダイジョウブ。こういうちょっとしたことで差が出るんです」

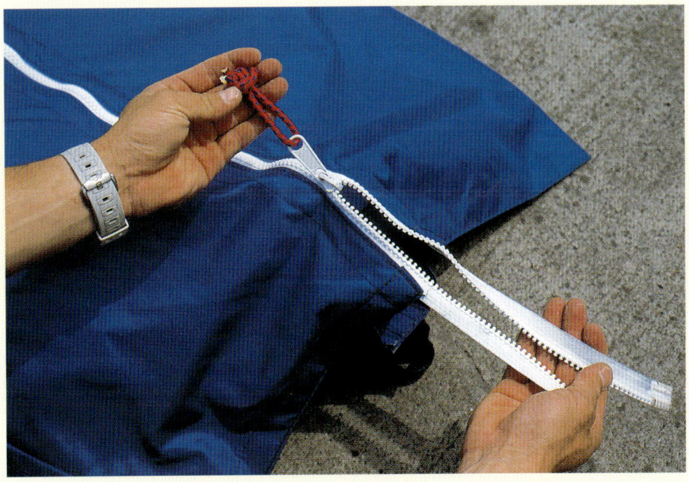

ソーセージバッグのファスナーには、両エンドともストッパーがない。バッグにセットした時点では、ファスナーはここまでで止めておき、セールをセットする時に一番前まで引き切れば、両サイドから割り開くことができるようになっている

セールをセットする時、ファスナーはこのように両端から割り開く。この時、ファスナーのカーは一番前まで引き切られている。この時点で「やっぱりライト・ジェノアに変更」となった時は、ファスナーを後ろに引き戻しつついったん全部割り開き、再び閉めなくてはならない

たたんでバッグに入れたセールはキャビンに収納する。ボートのピッチングをおさえるためには重量を集中させる。つまり「重量物はキールの上に」が基本だ。飲料水等とともに、セールもここへ。バテンの入っていないものはさらに丸めればこのようにかさばらず、このままデッキに出すのも楽だ。左舷側床上に見えるのはバテンの入っている＃３。まるめることができないので、このように置く。その日が強風であれば、後ろ寄り。微風であれば前寄りに置くのも、これまた基本だ

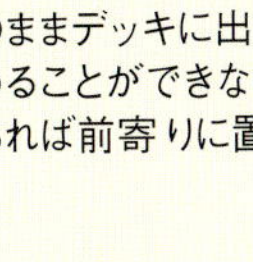

スキッパー高木のアドバイス

「その日の天候に合わせてセールの置き場所を変えるなんていうことを、スキッパーがいちいち指示しなくても自発的にできるようなチームが良いチームなんです」

ウインチの使い方

ウインチはヨットの重要な艤装品だ。その使い方を熟知しよう。

シートは右巻きに、これは常識。スタンダードタイプのウインチの場合は、シートのエンドを引っ張りながらハンドルを回す。この「シートのエンドを引っ張る動作」をテーリングという。2スピードウインチでは、ハンドルを時計回りに回すとトップスピード。反対に回すとローに入る。モデル艇ではプライマリーウインチ（主にジブシート用）が2スピードタイプ。ドラムへの巻き数はロードによって加減しよう。ドラムへの巻き数を少なくすれば、空引きするときに軽くなる。逆にロードがかかっているものは、巻き数を多くしないと空回りしてしまう

セルフテーリングタイプのウインチ。ドラムの上の溝にシートを挟み込むようにして巻き上げる。その名の通りテーリングすることなしに巻くことができるので、ハリヤードウインチ等に便利だ。モデル艇では、ハリヤードあるいはスピンシート用のキャビントップウインチに使用している

ウインチからのリリース

タックの時など、一気にジブシートをリリースしたい時は、シートを上に引っ張り上げると簡単に外れる。

この際、セルフテーリングウインチだとセルフテーリング部の爪にシートが引っかかりやすい。したがってジブシートを受け持つプライマリーウインチは、スタンダードタイプのウインチの方が使いやすい。とはいえ、ショートハンドのクルージング仕様になっているような艇だと、ここもセルフテーリングだったりするのだ。我慢して使いましょう。

リリースする時は、シートを上に一気に引っ張り上げると簡単にドラムから外れる。ウインチハンドルはあらかじめ外しておくこと

トリマー小林のアドバイス

「次頁で紹介するオーバーレイド防止のショックコードは、細めのビニールホースを被せてクルクル回るようにすれば、スムースになります。このあたりはジブトリマーの責任。肝心な時にオーバーレイドでタック失敗なんて『ごめんなさい』では許してもらえないですからね」

テーリングのコツ

ジブハリヤードを引くときは、最初は巻き数を少なくしてテーリングする。最初からめいっぱい巻いていたり、セルフテーリングの溝に掛けていたりしたら抵抗が重くて引けない。セールを揚げきってからハリヤードをドラムにめいっぱい巻いてセルフテーリングの溝にかける。同時に左手でウインチハンドルを付けて最終的なテンションをかける。

ストッパー付きウインチハンドルの扱いなど、一連の動作をスムースに行えるように練習しておくこと。また、レース中にはハンドルを別のクルーに使われていたりすることもある。テーリングする前にハンドルを確保しておくこと。扱いやすいところにウインチハンドルケースを設置するのも大事な工夫だ。

オーバーレイドに注意せよ！

ジブシートのリード角が悪いと(ウインチの取り付け位置が低いと)、右の写真のようにシートが巻き込まれてしまい、にっちもさっちもいかなくなってしまう。これをオーバーレイドという。特に、シートにテンションがかかっていない状態で暴れているシートを引き込むと、ウインチの取り付け位置如何にかかわらずオーバーレイドを起こすことがある。モデル艇でも、ウインチ～ジブシートリーダー間の距離が遠いので、オーバーレイドする可能性は十分にある。

オーバーレイドを防ぐには、ウインチの手前にショックコードを1本渡してやるだけでいい。１回でもオーバーレイドをしたなら、すぐに手を打つべきだ。次のトラブルは、重大な局面(上マークへのレイラインに乗る最後のタックとか)で起こるものなのだ。

オーバーレイドした例。分かりやすいようにわざとやってみたものだが、実際に撮影中にも１回起きた

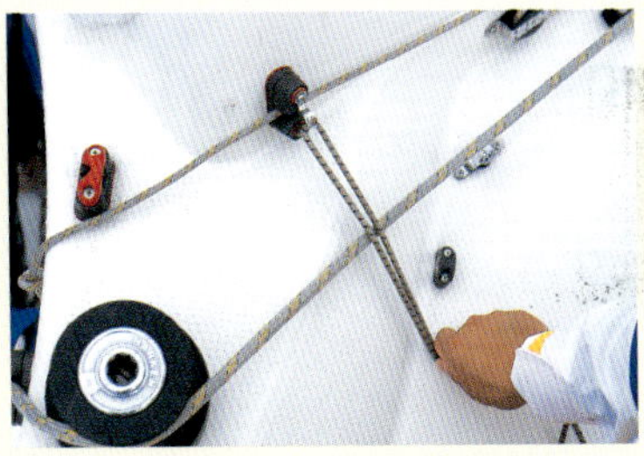

オーバーレイド除けのおまじない。ショックコードでジブシートを下に押さえる。これで、ほとんどオーバーレイドしなくなる

オーバーレイドしてしまったら、反対側もセールでパンパンに引っ張られているので簡単には外れない。この場合、シートエンドを反対側に強く引っ張る。具体的には、反対巻きにして別のウインチで引き、1段外れたらまた反対巻にしウインチで引く……とガクンと外れる。慌ててシートを切断したりしないように。ただし、障害物があって今すぐタックしなくてはならない！　という火急の時には迷わずシートを切断すること

艤装、準備、整備、……と一言でいってもやることはいっぱいある。クルー全員で常にいたるところに注意していることが、トラブルを未然に防ぐ方法だ。強いチームはトラブルも少ない。いや、トラブルの少ないチームが強いチームなのだ。

第2章

［タッキング＆サークリング］

THE RACING CREW WORK　CHAPTER 2

回れ回れ、ぐるぐる回れ!!

タッキング大解剖

まずはセールアップとクローズホールドから……といきたいところだが、なんといっても本書はクルーワークの虎の巻だ。風上航でのアクションの基本となる「タッキング」から始めよう。

風上に向かって走るクローズホールドでは、タッキングの良否が勝敗の行方に大きくかかわる。

うまいタッキングとは、可能な限りスピードと高さを失わないタッキングである。微風～軽風下では、なるべく艇速を失わないように、強風下ではなるべく角度を失わないように、……と気象海象に合わせてポイントも異なってくる。

ロスの少ないタッキングができるようになれば、わずかな風向のシフトに合わせて走るなど、戦略にも幅が広がる。この章では、タッキングの際のクルーワークと、スピンなしでのジャイビングを組み合わせた「回転」を身につけよう。

クルーのポジションと役割

各ポジションの役割を見てみよう。
自分のポジションを完璧にこなせるようになったら、
他のポジションにまで目を向ける。「いざトラブル!!」という時には、
互いのポジションを補い合う必要がでてくる。これがチームワークだ。

Ⓙ ヘッドセールトリマー（小林正季）

ジブシートおよびスピンシートを操作し、それらのトリムを行う。タッキング後のスピードビルドは、主にジブトリマーがリードする。スピード感覚を磨こう。

セールトリムのために風下に行かなくてはならないので、体重は軽い方が有利になるだろう。この時、セールに隠れた風下部分を見ることができるので、他艇との位置関係を瞬時に把握する目も持っていないとぶつかるぞ。

Ⓜ メインセールトリマー（本田敏郎）

メインセールのトリムを担当する。そればかりか、ジャイビング時には、メインシートをヘルムスマンに渡してアフターガイについたりすることもある。

ヘルム感覚をヘルムスマンと共有する必要があるので、ヘルムスマンとの意思の疎通は欠かせない。ヘルムスマン経験者であるとなお良いだろう。

艇種によっては、かなりの腕力が必要なポジションでもある。

Ⓟ ピットマン（平野恭行）

ハリヤード類を右から左へ次々とさばく。

後ろ（ヘルムスマンやタクティシャン）と前（バウマンやマストマン）との中継ぎ役ともいえ、セールの揚げ降ろしに関する司令塔となる。したがって、ピットマンがしっかりしているチームはマーク回航もうまい。

艇種や艤装によっても異なるが、アウトホールやカニンガムといったメインセールのトリムに関するものや、フォアガイ、アフターガイやツイーカーなど、ヘッドセールのトリムに関する部分も担当。また、ジブシートのテーリングも担当する。つまり、腕力も必要だ。

ハッチの部分に陣取っているので、キャビンから工具や予備部品などを取り出して来るといった雑務も多く、船のことを隅から隅まで熟知していなくてはならない。

ハイクアウトでは一番デッキ幅の広い部分に座ることになるので、体重も重い方が有利。

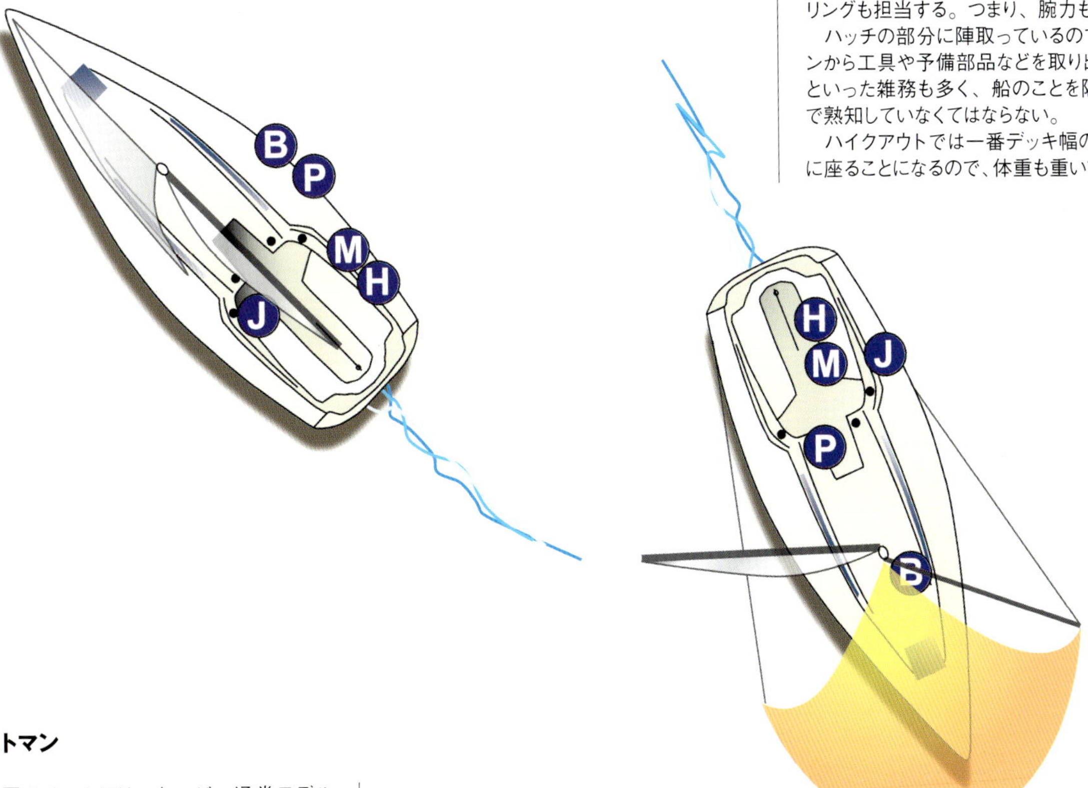

マストマン

今回のチームにはいないが、通常モデル艇（ヤマハ30S）だと、IMSの体重制限からいっても、6人乗りになると思う。

となると、ハリヤードをあげる際、マストの部分でハリヤードを引く（これをバウンスという）係として、1人増えることになる。

マストマンは時にはバウマンを助けてスピンの取り込みや、降ろしたジブをたたんだり、あるいはピットマンの手助けをしたり、強風下ではスピンシートウインチについたりと、結構忙しいポジションだ。

今回のチームでは、バウマンとピットマンが逆にその仕事をこなしてしまっている。

つまり、うまくなれば、このサイズの船なら5人で乗れるということだ。逆に考えれば、5人で乗れるようになれば6人乗りだと大楽勝、ということになる。

というわけで、本書ではあえて5人乗りでのアクションを解説していく。

Ⓑ バウマン（伊藝徳雄）

主にマストから前の作業を担当する。

ジブやスピンのセットや取り込み、ジャイビングではスピンポールを入れ替えたりと、狭くて揺れるバウデッキで奮闘する。

ハイクアウト時も、一番前に座ることになるので常に波をかぶる。5人の中では一番過酷なポジションといえるかもしれない。

通常は若いクルーが担当することが多かったりもするが、実際にはかなりの経験を必要とする。なにより後ろのクルーからの信頼がないと自由に動けず、結局はすべてのミスがバウに集約してしまったりもする。

マストのチェックやメインテナンスも、バウマンの担当、というケースが多い。

Ⓗ ヘルムスマン（高木 裕）

舵を担当。このサイズの艇ならスキッパー（艇長）も兼任することが多い。

いつタッキングをするか、の意思決定を行う。ヘルムスマンのコールとともにタッキング、ジャイビングは始まるのだ。

艇種によっては、メインシートも担当する場合があるが、モデル艇ではヘルムのみ。

ただし、モデル艇では艤装上、バックステイはヘルムスマンが担当することになる。できれば、バックステイはメインセールトリマーの手元までリードした方が良いかもしれない。

タッキング――クルーの動き

基本中の基本、中風下のタッキングだ。まずは、各クルーの動きから見てみよう。
『俊敏に』『確実に』『チームワーク良く』ということが重要だ。

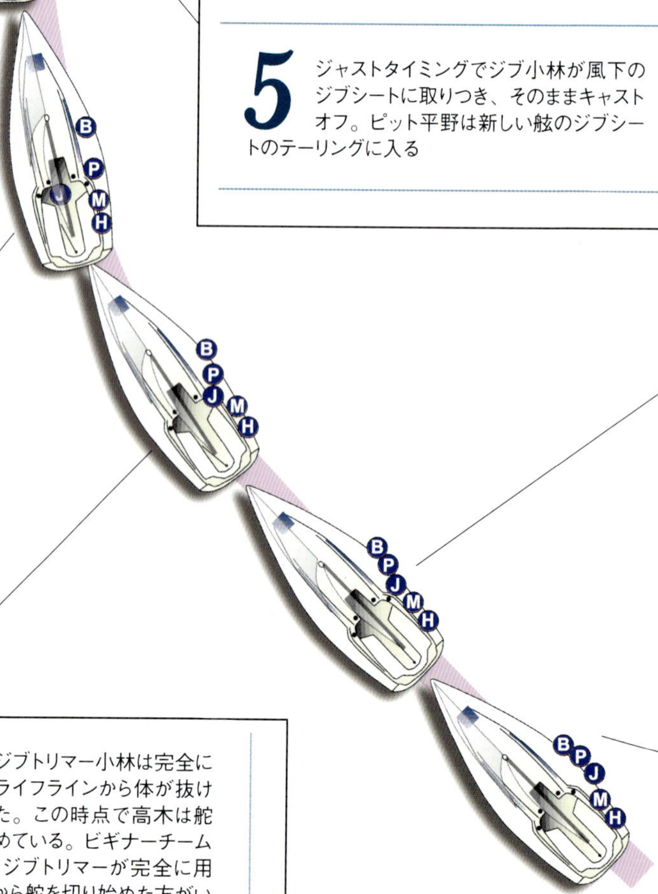

6 ピット平野は新しいジブシートを引きながら風上へ体重移動。ジブトリマー小林は直ちにウインチへ取りつく。あっという間に両者のポジションは入れ替わっている

5 ジャストタイミングでジブ小林が風下のジブシートに取りつき、そのままキャストオフ。ピット平野は新しい舷のジブシートのテーリングに入る

4 バウ伊藝がやっと動き出す。ジブ小林はまだ移動中だ。この後、素早くウインチに取りつき、左手でジブシートを持って右手で残りのシートを捌く。出ていくジブシートを踏まないように注意しよう

3 ジブトリマー小林は完全にライフラインから体が抜けた。この時点で高木は舵を切り始めている。ビギナーチームの場合、ジブトリマーが完全に用意できてから舵を切り始めた方がいい。最終目標として、このくらいの反応ができるようになるまで頑張ろう。……で、この時点でもまだバウマン伊藝は平然とハイクアウトしていることにも注目

7 ピット平野はそのまま風上へ行ってハイクアウト。その間、ジブトリマー小林と声を掛け合ってシートを受け渡す

8 ジブシートがファイナルトリムの状態になったらクリートし、ジブトリマーも風上へ戻りハイクアウト

2 スキッパー／ヘルムスマン高木から「タッキング用意」のコールが入った。ジブトリマー小林から動き始めている。この場合はジブシート・テイラーになるピットマン平野もその次に体が動いている

1 これは通常のクローズホールドでの乗艇位置。風上側のジブシートはウインチに必要な量だけ巻かれ、ウインチハンドルがセットされていることに注目

ピット平野のアドバイス

「ジブシートのテーリングは腰を入れて、腕力プラス体重を使って一気に引く。とはいえ、力任せに……というわけではないんです。妙に重いと思ったらどこかに引っかかっていると考えた方がいい。セールをチラチラ見ながら、どこかに引っかかっていないかチェックしつつ引こう。30ftクラスのボートだとセールも薄い。つまらないことでセールを破かないように注意してください」

ジブ小林のアドバイス

「ジブシートは、一度スパンと入れて、その後スピードビルドのために少し出します。スピードが上がるにつれて、徐々に引き込みファイナルまで入れる……って感じです。タック後、船が上り過ぎていたり、落とし過ぎていたら、ジブセールトリマーからヘルムスマンに伝え、正しい角度に導くようにするといいでしょう。最後は『ファイナルトリム』のコールをして、素早くハイクアウトすることですね」

バウマンの動き

写真には写っていないが、バウマンはサイドステイの後ろからジブシートをまたぎ、マストの前で返ってくるセールを叩く。スムースにセールが返るように補佐しているわけだ。

引き込みに失敗すると、フットがライフラインに引っかかるのでチェックしよう。うまくジブシートが入れば、素早くハイクアウトだ。

タッキング――
ヘルムスマンとメインセールトリマーの動き

さて次は、ヘルムスマンとメイントリマーの動きを見てみよう。
2人のコンビネーションでスムースなタッキングをめざそう。

3 風位を越え、メインセールはすでに右舷側に返っている。この時点で、ヘルムスマンの体勢ははこんな感じ。メイントリマーは、ここでトラベラーシートを持ち替えつつ、左舷側に移動中

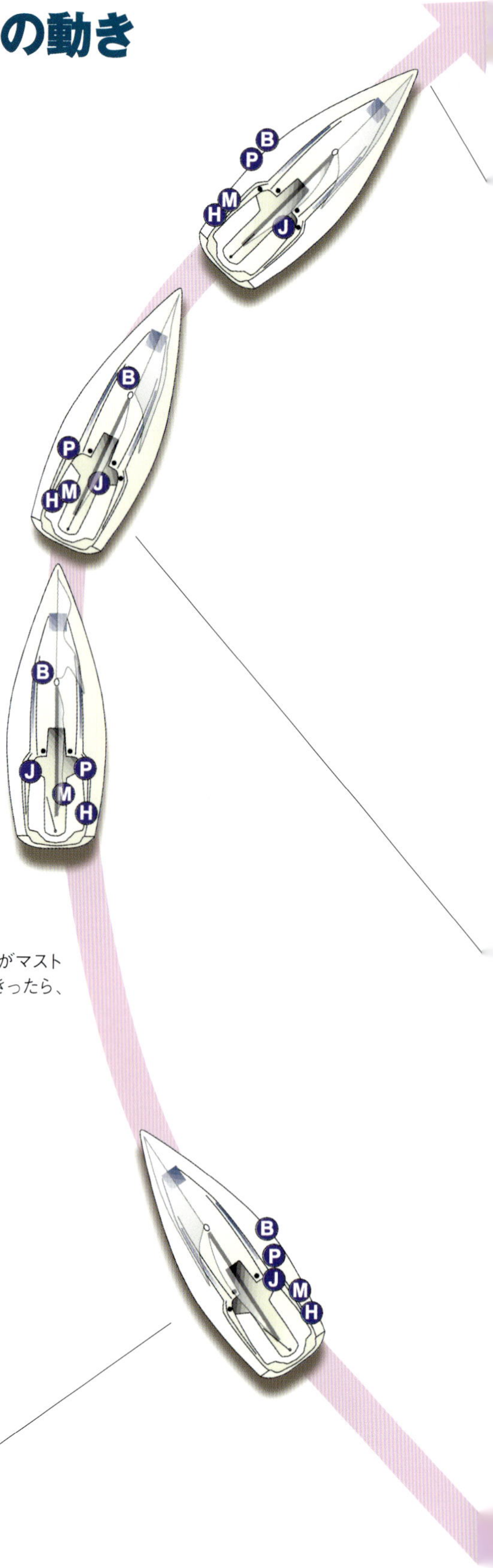

裏風が入るまでは比較的ゆっくりと、セールがマストをかわす時に早めに船を回そう。船が回りきったら、次のクローズホールドの角度で止める

2 ヘルムスマンは、ジブトリマーの反応を見て舵を切り始める。舵は切りすぎても船が止まってしまう。写真の位置がマックスだ。メイントリマーは、船が切り上がって行くにしたがって、メインシートを引き込んでいく。ブロック手前にある白い玉が下がってきているのが分かる。強風下では、既にメインシートは引かれトラベラーがもっと風下にあるだろうから、トラベラーを上げていくことになる

メイントリマー本田のアドバイス

「タッキング後のスピードビルドはジブにあわせて行います。メインセールトリマーはスピードメーターを読んで、スピードの上がり具合をコールします。常にヘルムスマンやクルーとのコミュニケーションを欠かさないようにします」

ヘルムス高木のアドバイス

「タッキング後、コースを落としすぎるとジブを入れるのが難しくなります。落としすぎるよりも、上り気味でいったん止めるくらいの方がかえっていい。ジブのクリューがサイドステイ付近でパタパタしているところでジブシートを引けば、スパッと入ってくるはずです。ジブセールが入ってから、少し落としてスピードをつけるようにするといいでしょう」

5 新しいクローズホールドのコースに乗った。いったん失ったスピードを取り戻す（スピードビルド）。スピードが回復したところで、タッキングは無事終了だ

レース中のアクションではタッキングの数が最も多くなる。これがうまく決まるか決まらないかの差は大きい。ストレートスピードでいくら頑張ってライバル艇にくいついていっても、タックに失敗しては元も子もない。

また、上マークへアプローチする最後のタッキングとかスタート前のマニューバなど、重要なシチュエーションでのタッキングの失敗は命取りともなる。

とはいえ、自分たちのタッキングがうまくいっているのかどうなのか、意外と分かりにくいものだ。そこで、スピードメーターをよく見てタック前後のスピードの変化や、タッキング後の航跡をチェック。1回ごとにクルー全員で話し合い、よりよいタッキングを目指して練習しよう。

4 ヘルムスマンは前方をしっかり見据えて風上にポジション。すでに舵は戻し始めている。メイントリマーはトラベラーを引き上げる。この時点で、メインシートもいったん引き込んだ分だけ、多少緩めている

1 通常のクローズホールドの状態。モデル艇ではメインシートのトリムは2段階に分かれている。メイントリマー本田は、ファインチューン（手前の細い方の赤いシート）とトラベラー（白×赤）でメインセールのトリムをしている。ここで、ヘルムスマンは「タッキング用意」のコール。この写真では、見やすいように前3人のクルーには画面に入らないようにしてもらっている

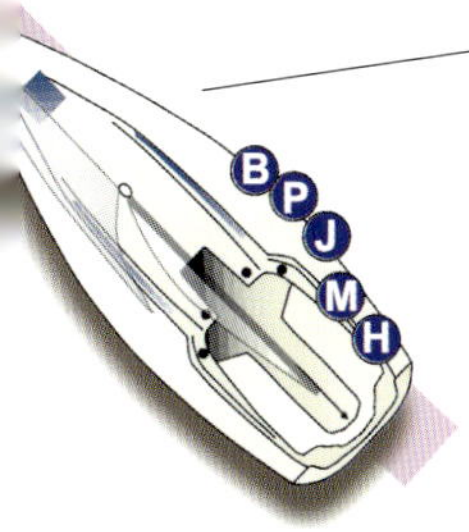

微風下でのタッキング——ロールタッキング

微～軽風では、タッキングの良否は特に差が付く。
ロールタッキングをマスターして、微～軽風下でもばんばんタッキングを成功させよう。

5 ジブトリマーは左舷側のジブシートをキャストオフし、そのまま右舷側を引く。風が弱いので1人でできる

3 バウマン、ピットマンは同時に体重移動。バウマン伊藝はもちろん、大柄の平野も軽々とした身のこなしだ。本来はここにもう1人マストマンが加わるのでかなり狭いところを通らなくてはならないのだが、「全員同時に動く」のが、きれいにロールさせるコツだ。さらには、ジブトリマーの小林まで動き始めている

場合によっては、バウマン、ピットマンが風上にいるような時でもロールタッキングすることもある。この場合は、そのまま風上側に残っていればいい

2 ヘルムスマンが舵を切り、タッキングが始まった。中風時と異なり、ジブトリマーは元々風下側のジブシートに付いてるので、「用意」から「タッキング」までの時間は短くて済む。バウマンとピットマンは体重移動の準備。ジブトリマーは、キャストオフに備えて、ドラムへの巻数を減らしている

6 ヘルムスマンは風下側（この場合は右舷側）からテルテールを見て、船が走り始めてから反対舷に移動。十分にセールを出してスピードビルドしていこう。ここでもメイントリマーは、スピードメーターを読んでいく。ジブシートは、スピードの回復にしたがって詰めていく

4 まさに、キャストオフするところ。バウマン、ピットマンの2人は、大きく右舷側に体を乗り出してロールをかけている。ジブトリマーもシートを持ったまま右舷側に移動し、ロールに加わっているが、左舷側のジブシートはワンターンに減らしてあるので、この位置からでもキャストオフが可能。さらに右手は右舷側のジブシートをつかんでいる

キャストオフの目安は、ジブのラフに1/3程度まで裏風が入った時。実際にはこんな感じ。ロールもこのタイミングで

1 写真は微風時のクローズホールドだ。クルーは風下側でヒールを作っている。風の強弱にあわせて体のポジションをこまめに変えよう。自分の体重で1/2艇身プラスにもマイナスにもなると心得よう

ヘルムスマン高木のアドバイス

「キャストオフのタイミングは、中風時とほとんど同じ。ジブのラフに裏風が1/3くらい入った時が目安です。キャストオフと同時にロールをかけます。ボートの回頭スピードは中風時よりも若干遅くなりますが、ジブシートは楽に入ってくるので、やや落とし気味のところまで回して止めます」

バウマン伊藝のアドバイス

「どんなアクションでもチームワークは重要です。体重移動も声を掛け合って、同時に素早く動きましょう。うまくいった時には誉めあうってのも重要なんじゃないかと思います」

サークリングの練習——グルグル回るぞ!!

タッキングとジャイビングを合わせれば、一回転ということになる。ここでも重要なのは体重移動だ。

タッキングがスムースにできるようになったら、ジャイビングと合わせてぐるっと360度回転してみよう。スタート前のマニューバリングや、ペナルティー解消のための回転の練習にもなる。

ここでも、体重の移動がポイントだ。うまくいかなかったら、どこが悪かったのか、どうすればスムースにいくのか、全員で話し合いながら解決していこう。答えは、それぞれの艇やチームによって異なる場合もあるはずだ。

※写真キャプションは、グルグル回るので、どこから読み始めてもOK

タッキングが完了した。今度はヒールを潰すため、バウマンとジブトリマーは風上へ移動

こういう場合、ジブトリムは2人で片舷ずつ担当するといいが、その場合、スターボ側はピットマンが担当する。なぜなら、スターボタックでスタートする時に通常のジブトリマーがそのままポート側に付けるからだ

風位を越えて、まさにジブが返る直前。バウマンが再び右舷側に戻り、ロールさせていることに注目

ほぼクローズホールドの状態まで上った。ジブのフットがライフラインに引っかかるので、解消するためバウマンはいったん前まで行っている。バウマンは忙しいゾ

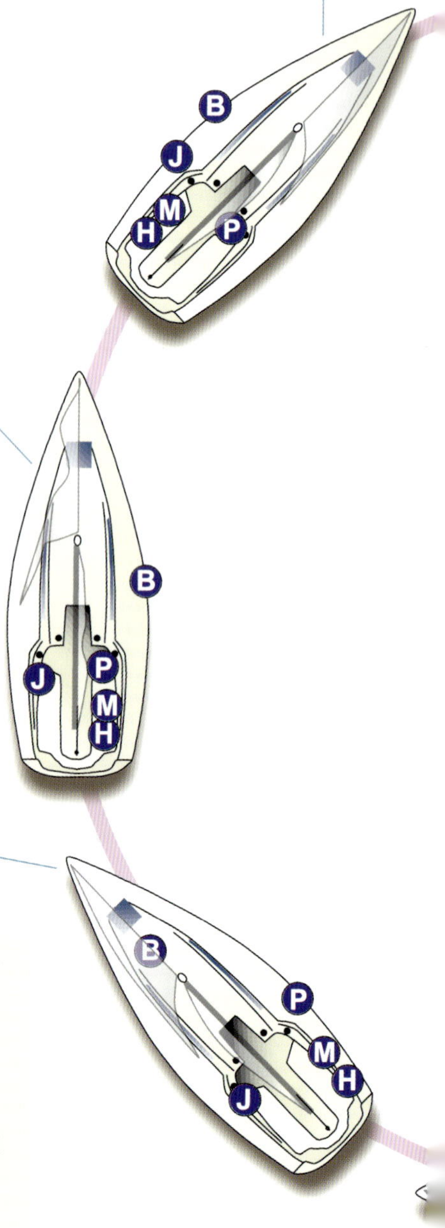

ペナルティーの720度回転を行う場合、周りの状況によってタッキングから回転に入る場合もあればジャイビングからのこともある。たとえば風上航で、自分の風上側に他艇がいるならベアから始めてジャイビングする方がいい。

タッキングからでもジャイビングからでも、あるいは右回転でも左回転でもできるように練習しておきたい。

注意点としては、慌てずきちんと準備をしてから船を回すこと。

①720度回転の意志をクルー全員に伝える。ジャイビングから入るのか、タッキングから入るのかも全員に伝達する。

②トリマー(メイン、ジブ)を配置につかせて確認する。

③小回りしすぎて船を止めないように注意して船を回す。

このままベアしていく。ここでメインを十分出さないとバウダウンできない。また、ヒールも殺し、ベアしやすくしていることにも注目。そのまま次のジャイビングに備えてロールを開始

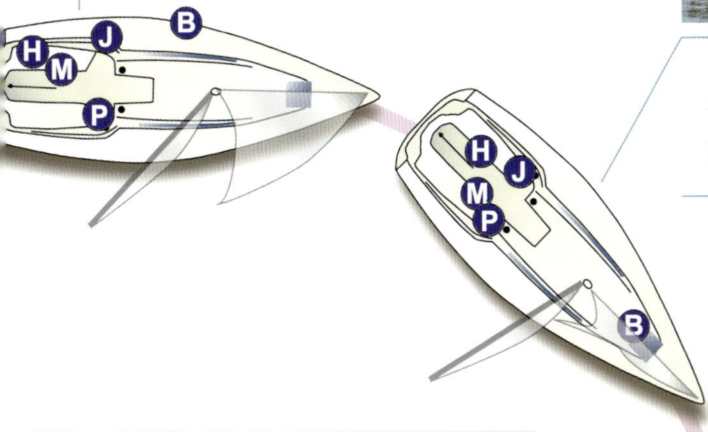

ジブはメインの陰に入っているので風をはらんでいないが、バウマンが無理矢理左舷側に返そうとしている。メイントリマーは、この時点ではシートを引いてメインを返す準備に入った

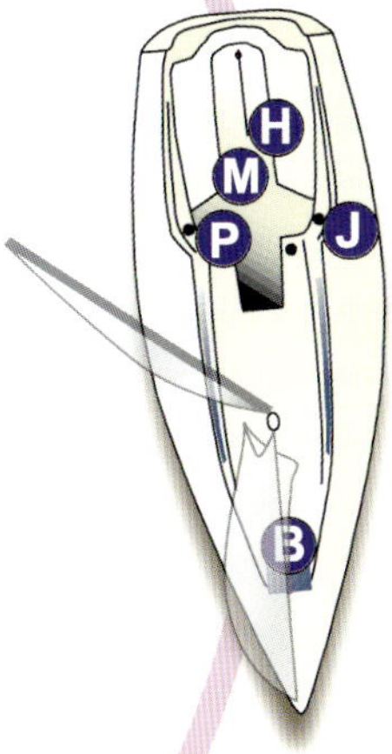

メインが返る直前。メイントリマーはヘルムスマンの陰になって見にくいが、メインシートを束ねて持ち、一気に返そうとしている。バウマンも遊んでいるジブを無理矢理返している

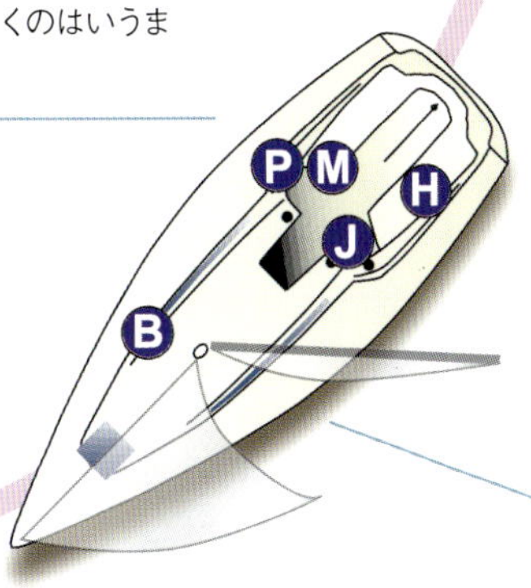

メインもジブも返った。バウマンは直ちに風上側に移動。舵はいったんニュートラルに戻っている

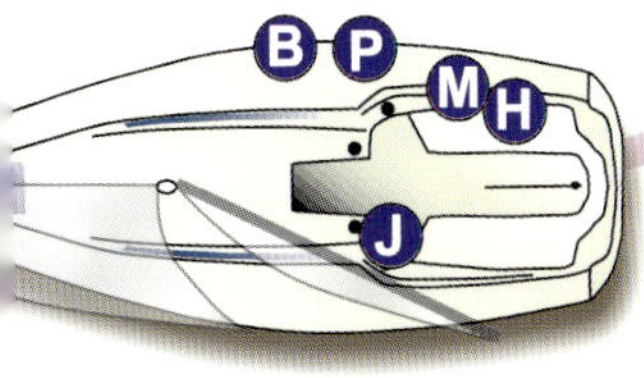

ヒールを殺すべく、ジブトリマー以外は風上舷に。ピットマンもジブシートをテーリングしながら風上舷にいる。ここでのジブシートの引き込みはパワーで勝負だ。メイントリマーも必死にメインシートを引く。こういう時は、ファインチューンではなく、元から引くのはいうまでもない

第3章

［風上航］

THE RACING CREW WORK　CHAPTER 3

誰よりも早く、風上マークへ到達するために
アップウインド徹底追求

風上に向かって走る。これが、近代帆船の大きな特徴だ。マストやセール素材の進化によってその性能は飛躍的に進歩したが、それを生かすも殺すも、乗り手次第。そして、そのテクニックこそが、ヨットレースの大きな要素になるのだ。

もちろん前章のタッキングも効率良く風上マークへ向かうためには欠くことのできないテクニックだが、この章では風上に向かって走る際に必要なその他の技術について解説したい。

風上航では、ヘルムスマンとセールトリマーが中心となってスピードに貢献していくことになるが、その他のクルーには船のトリムを考えた身のこなしが要求される。風の強弱を敏感に感じ取って前後左右のバランスを考えなくてはならないのだ。

チームワークを発揮し、最も効率のいい走りを持続させることが、誰よりも早く上マークに到達するための条件になる。

メインセールを揚げる

メインセールはマリーナ内でブームにセットしておくということは、第１章で述べた。

セールは紫外線に弱い。ブームカバーはマリーナを出る直前に外し、ドックに置いていこう。

メインセールを揚げるタイミングは、その日のコンディションによって変わってくる。

無用にシバーさせると、セールの寿命を短くする。風が弱く海も穏やかなら、本部船の近くまで機走で行ってからセールアップ。風が強いようなら、風や波が遮られるような場所で早めにメインを揚げてしまった方が良い場合もある。こういう時は、機走より帆走の方が素早く本部船の位置まで移動できたりもする。コンディションによって、最適なタイミングと場所を判断しよう。

メインセールを展開する時は、まず船を風に立てる。ランニング・バックステイ（ランナー）付きのボートなら、風下側のランナーを緩めて、サイドステイのあたりまで持っていって押さえておく必要がある。スキッパーは、スターボードタックで揚げるのかポートタックで揚げるのかをあらかじめ決め、クルーに伝えておくと手際よくできる。

ハリヤードはゆっくりと、セールがどこかに引っかかっていないかをよくチェックしながら揚げよう。最終的には、メインシートやブームバングも緩めておかないと、上まで揚がらない。

また、クラスルールによってマストヘッドのブラックバンドより上に展開するのはルール違反になる。デッキからは見にくい場合もあるので、近くにいる友人艇にでも見てもらおう。一度チェックしたら、ハリヤードにマークを入れておくのもいい。

ハリヤードを揚げきったら、途中で緩んでこないように、しっかりとクリートに止めておく。クリートだけでは緩んできてしまうようなら、縛るなりなんなり工夫しよう。

セールがどこかに引っかかっていないか、全員の目でチェックしながら、ゆっくりとメインハリヤードを引く

最後は、メインシート、ブームバング、カニンガムホールを緩める。揚げきったら、緩まないようにきちんと止めておく

ヘッドセールを揚げる

メインセールはいったん揚げればレース中は揚げっぱなしだが、
ヘッドセールは揚げたり降ろしたり忙しい。その扱いを熟知しよう。

ヘッドセールはそれぞれセールの面積、クロスの種類のみならず、カーブも異なっている。コンディションによって正しいセールを選択することが大事だ。

大型艇では、ライト、ミディアム、ヘビー、(ナンバー2)、ナンバー3、ナンバー4、というラインナップとなるが、IMSルールなどでは船のサイズによって搭載できる枚数が決まっている。

モデル艇のサイズ(30ft)では、ライト/ミディアムとミディアム/ヘビーの2枚と、オーバーラップのないナンバー3の合計3枚のヘッドセールを持っているのが一般的だ。

セールの数は多ければいいというものではない。数が少ないということは1枚でカバーする範囲が広くなるわけだから、選択が楽になるということでもあるのだ。

風速によってだいたいの使用範囲がセールメーカーから提示されている(右表)が、マリーナ内では判断しにくいので、マリーナを出てから、実際の海象を目で見て慎重に決めよう。判断に悩んだ時は、とりあえず揚げてみて様子を見る。スタート前、早い時間に海面に出れば余裕をもってこうしたスタート前の作業を行うことができる。

スタート前にはいったんセールを降ろし、バッグに詰め、そのままオンデッキ。すぐにセールを交換できるようにしておこう。最終決定はスタート5分前でいい。

ブイを回るインショアレースでは、レグ中のセール交換はめったにない。逆にスタート直前にチェンジということはままある。こういうところの手際でも、チーム力の差がでるものだ。

モデル艇に搭載されていた各セールの使用範囲とモールド
(資料提供ノースセールジャパン)

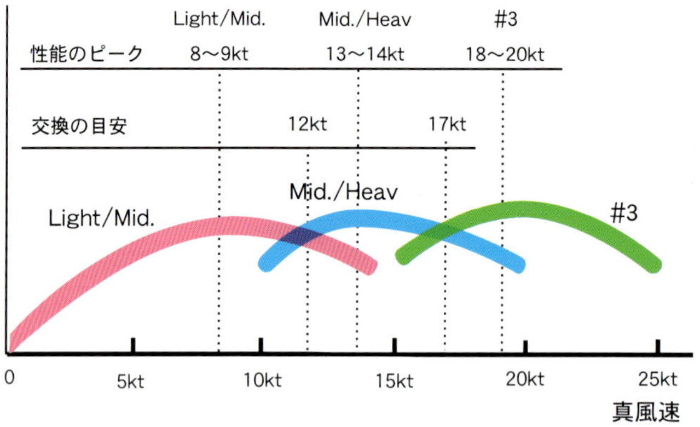
性能のピーク
Light/Mid.
8〜9kt
Mid./Heav
13〜14kt
#3
18〜20kt
交換の目安
12kt
17kt
Light/Mid.
Mid./Heav
#3
0
5kt
10kt
15kt
20kt
25kt
真風速

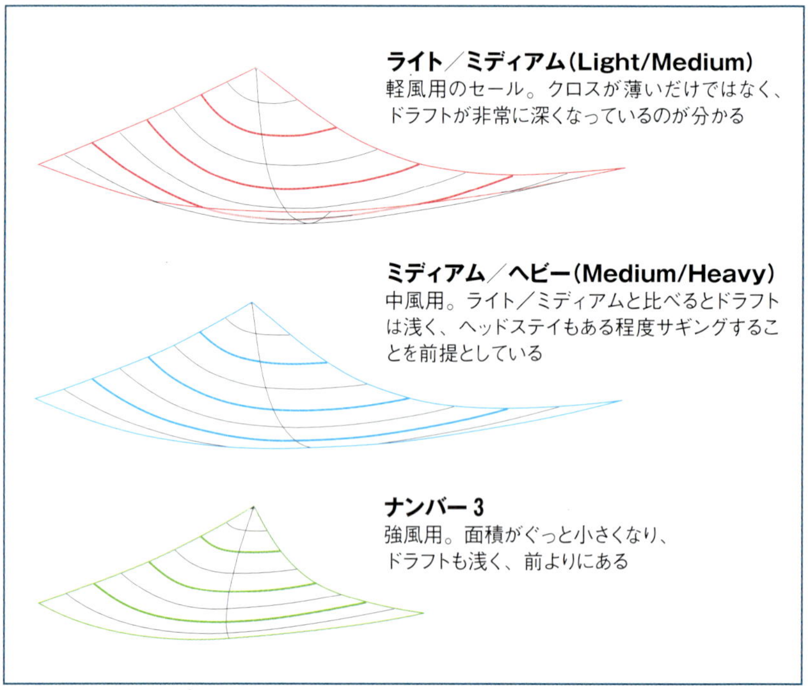
ライト/ミディアム(Light/Medium)
軽風用のセール。クロスが薄いだけではなく、ドラフトが非常に深くなっているのが分かる
ミディアム/ヘビー(Medium/Heavy)
中風用。ライト/ミディアムと比べるとドラフトは浅く、ヘッドステイもある程度サギングすることを前提としている
ナンバー3
強風用。面積がぐっと小さくなり、ドラフトも浅く、前よりにある

ジブ小林のアドバイス

セールトリムによって、同じセールでもある程度は風の強弱に対応させることができます。強風時にはバックステイ・オン、カー・アフト、ハリヤード・アップでセールをフラットに。風速が落ちてきたら逆にバックステイ・オフ、カー・フォアード、ハリヤード・イーズにすることでセールはよりパワフルになります。

強風用のセールトリムにしても、メインセールにバックウインドが入り、メインがフラッピングして風が綺麗に流れていないようなら、強風用セールにチェンジ。逆に軽風用にトリム(もちろんメインセールもMAXにトリム)しても適正ヒールが得られなかったら、軽風用セールへ交換することになります。

ボートスピードがターゲットスピード(次頁で説明)に達しているかの確認も大切です。各セールの風速レンジを表にまとめ、クロスオーバーするところを把握しておきましょう。この場合の風速は、見かけの風速ではなく、真風速なので注意してください。

また、各ヘッドセールごとに適したリーダー位置をマーキングしておけば、セールチェンジの時に、あらかじめカーをおおよその位置にセットしておくことができます。

ヘッドセールの選択は、この先の風を読むことが大切です。なるべくギリギリまで待って慎重に決めましょう。

どのハリヤードを使うか

モデル艇のヤマハ30Ｓの場合、センターハリヤード１本と、左右のウイングハリヤード、合わせて３本のヘッドセール用ハリヤードが付いている。

センターハリ（青）は、スピンポールのトッピングリフト用に使うので、スピンとヘッドセールで左右のウイングハリを使い分けることになる。

上マーク回航時を考えると、ポート側にスピンをセットするのが普通なので（詳しくは次章の上マーク回航編で解説する）、ポートハリ（赤）をスピンに、スターボハリ（緑）をヘッドセールに使うのが最も単純な考え方になる。

しかし、逆にスターボハリ（緑）をスピンハリに使うと、風上側からハリヤードを引くことになるので力を入れやすい。その場合、あらかじめスターボハリはフォアステイの前をかわしてポート側に回しておかなくてはならない。

ハリヤードのイグジット

普段、目に触れることが少ないハリヤードのイグジット（出口）付近を見てみよう。左右２本のウイングハリは、フォアステイの付け根の上から。フォアステイ付け根のすぐ下からセンターハリが出ている。別にスピンポール用のトッピングリフトがその下から出ているものもあるが、ヤマハ30Ｓではイラストにある３本のみだ

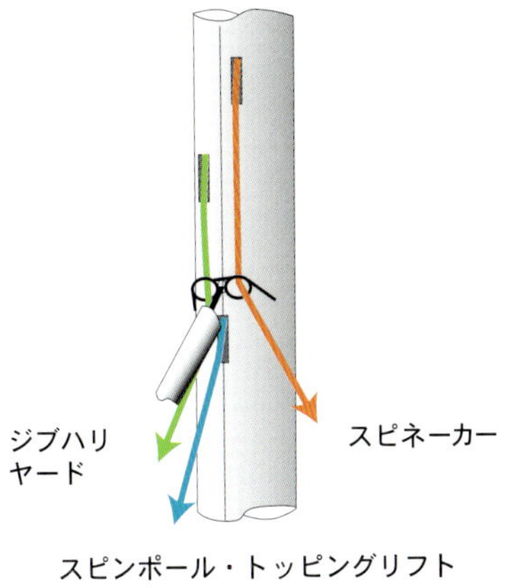

ポート側のウイングハリをスピンに使用した例。まあ、単純だが、風下側でスピンハリをバウンスしなくてはならなくなる

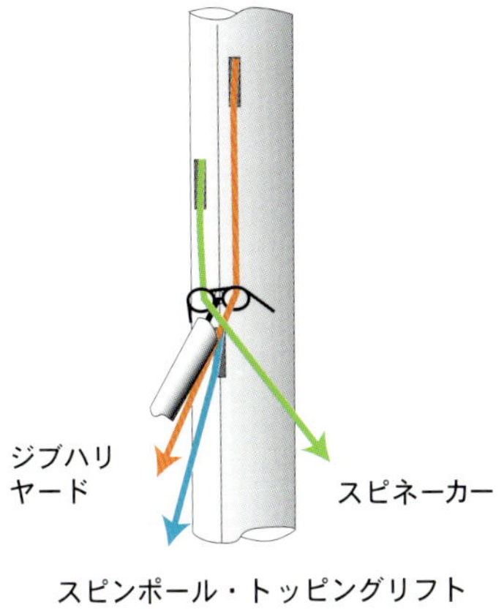

スターボ側をスピン用に使う場合は、フォアステイの前をかわしてポート側に回す。こちらの方が一般的だ

セールのセット

セールはソーセージバッグごとデッキに出し、フォアデッキへ移動。まずはクリュー側のファスナーを割り開き、ジブシートを結ぶ。ジブシートが正しく（スピンポールの上、トッピングリフトの前）通っているかもチェック

ピーク側はフィーダーを通してからヘッドフォイルへ入れる。この時、ピットマンはハリヤード・スニーク（ハリヤードをそろそろ引く）でサポート。ピーク側をセットしてから、タックを付ける。バッグはセールを揚げる直前までそのままでＯＫ

バウンスで素早くホイスト

ハリヤードはマストの部分で引くと力を入れやすい。この動作をバウンスという。

最初は腕だけの動きでスピーディーに

セールを破かないように注意

重くなったら体全体を使ってパワフルに

バウマン伊藝のアドバイス

ハリヤードを付ける時は、フォアステイや他のハリヤードと絡まっていないか、必ず確認すること。

ホイストの際、通常ならばバウマンはセールが引っかからないようにバウでリードしますが、今回はマストマンがいないので、バウマンがマストでバウンスしています。そのため、セールが引っかからないようにプレフィーダーを２つ付けてみました。

手が足りない時は工夫して乗り切りましょう。

ピット平野のアドバイス

バウンスする際、最初は軽いので腕だけの動きで素早くホイストします。重くなってきたら体全体を使って、上からヘソ、ヘソから腰に向かって引きます。力任せに引くとセールを破くこともあるので要注意です。バウンスに合わせてピットマンもテーリングし（6対4くらいで）、スラッグ（たるみ）を作らないようにしましょう。

クローズホールドでのボートスピード

クローズホールドのボートスピードは、ヘルムスマン１人で引き出せるものではない。
クルー全員で、目指せ0.5ノットアップ！

メインセール

メインセールは、メインシートでリーチテンションを調節する。目安はトップバテンのリーチ側（後ろの方）のストレートな部分とブームが平行になるように。次いでトラベラーでブームがセンターライン上に来るように調節する。これがクローズホールドでの基本のポジションだ。

風速が上がってウエザーヘルムがきついようなら、トラベラーを風下に下ろして調節する。軽いウエザーヘルムが出る程度（ラダー角度4～6度）が適正だ。

ヘッドセール

ヘッドセールは、ジブシートでリーチのテンションを調節。スプレッダーに触れるギリギリまで入れてファイナルだ。ジブシートリーダーの位置で、フットのテンションを調節する。ドラフトの前後位置はハリヤードで調節。ラフテンションUP＝ドラフト前になる。

風が弱くなったら、ジブシートを少しずつ出してパワーを付ける。

マスト

さらにマストを前後方向にベンドさせることによって、セールのドラフト（深さ）を調節することができる。

強風時のクローズホールドではマストをベンドさせることによって、セールのドラフトを浅くして上り角度を稼ぎ、微風時にはマストをストレートにすることによってドラフトを深くし、セールのパワーをより引き出すことができる。

マストベンドのコントロールは、バックステイで行う。

また、ハリヤードのテンションを入れることで、ドラフトの中心を前に移動させることもできる。

今回は「クルーワークの虎の巻」なので、詳しいことは、セールトリムの解説書をご覧いただきたい。

メイントリマー本田のアドバイス

セールの上から下まで幅広く全面に風を流すため、適度にセールをツイストさせるようにします。こうすれば風の僅かな変化にも幅広く対応させることができるようになります。

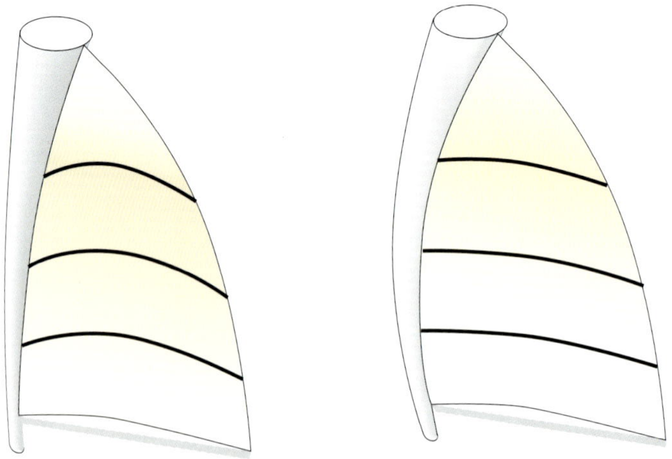

マストをベンドさせることによって、メインセールのドラフトは浅くなる（右）。この場合、セールのラフ側から浅くなるので、ドラフトの中心は後ろに移動する。カニンガムを引いて適正なドラフト位置になるよう調節しよう。フット付近のドラフトは、アウトホールで調節する

マストチューニングは、まず左右に真っ直ぐに立っていることから始めよう

ボートスピードの要、マストチューニング

マストのチューニングとセールカーブとは複雑に連動しており、ここがまさに上りでのスピードの要と言っていい。

モデル艇はランナーがないので、セーリングそのものに煩わしさはないが、その分調整範囲が狭くなる。

微～強風までを同じセッティングでこなすのは難しい。トップクラスのチームは、風速によってスタート直前にでも、フォアステイやサイドステイのテンションを変えている（レース中に変えるのはルール違反）。

詳しくは、セールメーカーなどの専門家に相談してみよう。確実にスピードアップに繋がるはずだ。

モデル艇（ヤマハ30S）のポーラーダイアグラム

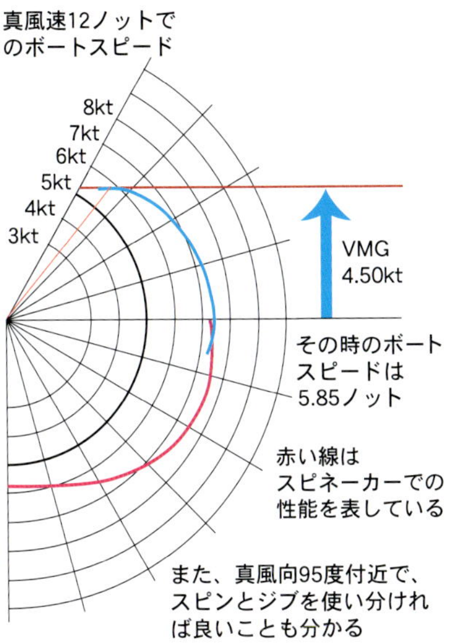
真風速12ノットでのボートスピード
8kt
7kt
6kt
5kt
4kt
3kt
VMG
4.50kt
その時のボートスピードは5.85ノット
赤い線はスピネーカーでの性能を表している
また、真風向95度付近で、スピンとジブを使い分ければ良いことも分かる

VMGを考える

クローズホールドのコースでは、風上マークまでタッキングを繰り返しながら進むことになる。つまり、ここではボートスピードよりも「どれだけ風上へ進んでいるか？」が重要になる。これがVMG（Velocity Made Good）だ。

落として走ればスピードはつくが、高さは稼げない。角度を取ればボートスピードは落ちる。どの程度上らせるかが、問題になるわけだ。

一般的に、風速が弱くなるほど、VMGを稼ぐためには上り角度は悪くなる。セールのトリムも当然深くパワーのあるものが求められる。

デザイナーからもらったデータを見ると、ヤマハ30Sの場合、風速12ノットでは真風向39.7度で走ると艇速が5.85ノットとなり、VMGは4.50ノットに達し、最も効率がいい、となっている。

グラフをよく見ると、そのあたりのカーブはほぼ横に伸びている。つまり、5度程度は角度を落として走っても、その分スピードは上がり、VMGはそれほど変わらないということが分かる。船が走り出すことによって見かけの風も上がってくるので、今度はその分高さを稼いでいく、という走り方ができるわけだ。

実際には、ターゲットとなるボートスピードを決めて、それに達しなければ落としてスピードを付け、ターゲットを超えてしまったら落としすぎと考えて少し上らせる、という走り方をする。

モデル艇のヤマハ30Sのターゲットボートスピードは左の表のようになる。

艇ごとのターゲットボートスピードはレーティング証書から逆算したり、他艇と走り合わせたりして、練り上げていこう。

ヤマハ30Sのターゲットボートスピード（風上航）

真風速（ノット）	ボートスピード（ノット）
6	4.9
7	5.2
8	5.5
9	5.6
10	5.7
11	5.8
12	5.8
13	5.9
14	5.9
15	5.9
16以上	6.0

真風速を元にターゲットとなるボートスピードを決め、最適なVMGで走る。この表をデッキに貼っておく。フリーでも同様にターゲットボートスピードを用いて走るが、それは44頁で解説する

ヘルムス高木 裕のアドバイス

戦術上、ライバル艇の悪い影響から逃れるために、あるいはライバル艇を抑え込んだりするため、意図的に上り気味に走ったり（ピンチ・モード）、落とし気味に走ったり（ドライブ・モード）といった走り分けをすることもあります。

角度がわずかな時は、セールトリムはそのままで、わずかにテルテールが乱れる程度上らせたり落としたりし、ピンチ、ドライブの走り分けを行います。スピードメーターをよく見ていると、分かりやすいと思います。

船のトリム

ボートスピードをアップさせるためには、セールのトリムばかりではなく、船のトリム（前後左右の傾き）も重要だ。

中～強風時には風上側でヒールをつぶし、逆にヒールしなくなったら、風下側に乗ってヒールを作る。ヒールさせることによって、接水面積を減らし抵抗を軽減させる。

また、前後方向の傾きにも注意しよう。バウのナックル（船首下端の部分）がきちんと水を切っているだろうか？

基本的には、風が弱いほど前寄りに乗ることになる。

Diavolo

微風時の乗艇位置。キャビンの中（ダウンビロウ）に入ってピッチングを押さえるべく重量を集中することもある

JPN
5911
JPN
5911
Diavolo

中風時のクローズホールド。微風時に比べ、1人分後ろに乗っているのが分かる。バウのナックル部はちょうど水線上にある

各コントロールラインを有効に使い、風速や波に合わせた最適なパワーをセールから引き出すのがトリマーの仕事だ。風速やボートスピードの変化を敏感に感じ、ボートスピードを引き出そう。

バウマンやピットマンは、風上側を向いて乗っている。海面をよく見て、どんどん情報を入れていこう。海面の小さな波（というよりシワ）を見れば、パフ（強い風のかたまり）が入るのが分かる。慣れたクルーなら、カウントダウンして、風が入るタイミングを正確にメイントリマーに教えることができる。また、前方の風がどちらに振れているのか。どちらのサイドが風が強いのか。それらの状況を伝えることによって、よりよいコースを選択する情報となるだろう。

風上航でも、ヘルムスマンとトリマーだけが船を走らせているわけではない。強いチームは、常に全員で話し合いながら走っているものだ。

セールチェンジ

ロングレースになれば、セールチェンジも勝敗を分ける重要な技術になる。
いざ、という時のために練習しておこう。

ブイ回りのインショアレースでは、風上に向かって帆走中にセールチェンジ（ジブ交換）をすることはほとんどない。セールチェンジの間のスピードロスを考えると、風を逃がしながらでも走りきってしまう方が有利だからだ。逆にいうと、それだけセールの選択は慎重に行わなければならないということでもある。

この場合、セールの交換はフリーのレグに入ってから。降ろしたヘッドセールをデッキでたたんでバッグに入れ、別のセールをデッキに出す、という一連の作業が素早く行えるように練習する。これは普段の練習でセールの揚げ降ろしをしているうちに、自然とチームワークができてくるものだ。やはりここでも、練習量がものをいうのだ。

インショアレース中心の昨今だが、ロングレースになればやはりセールチェンジは重要な作業になってくる。時化の夜、ここ一番のセールチェンジは、クルーワークの腕の見せ所だ。チェンジをためらい無理をして走ってしまったばかりに、セールが破けてしまうなんてこともある。あるいは、風は落ちているのにいつまでも強風用のセールで走り続けてどんどん遅れていくこともある。ロングレースでは敵が見えないだけに、自分との戦いになりやすい。どんな状況でも「にっこり笑ってジブ交換」のクルーは心強い。

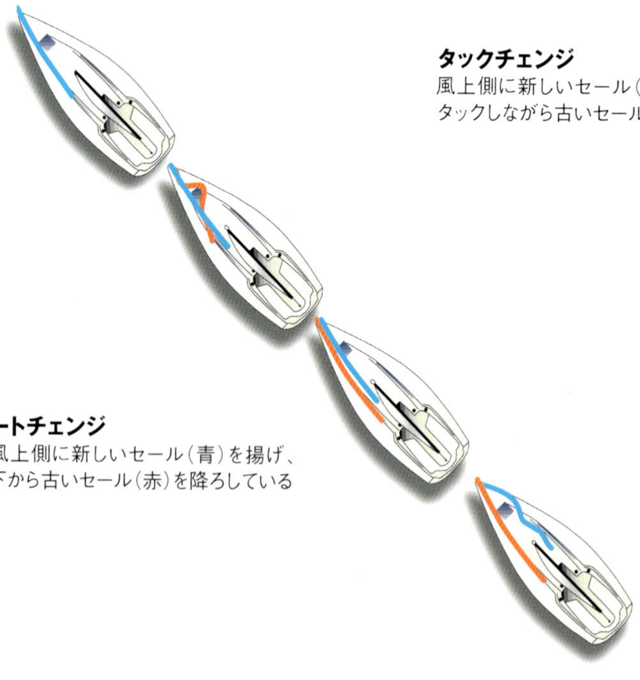

ストレートチェンジ
図では風上側に新しいセール（青）を揚げ、その風下から古いセール（赤）を降ろしている

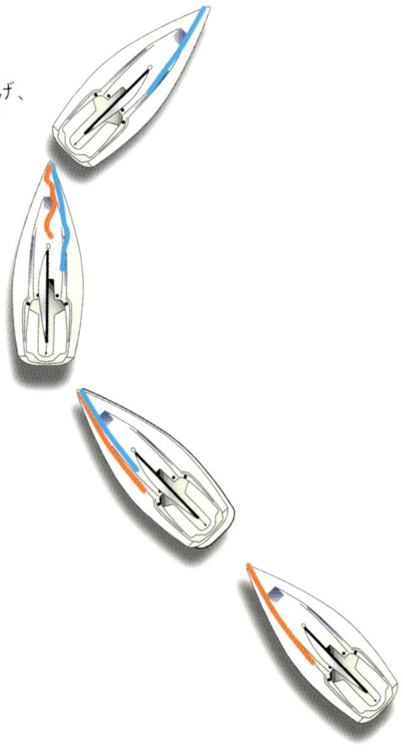

タックチェンジ
風上側に新しいセール（青）を揚げ、タックしながら古いセールを降ろす

タックチェンジとストレートチェンジ

セールチェンジには、大きく分けてストレートチェンジとタックチェンジがある。

タックチェンジはその名の通り、タッキングしながらセールを交換する。作業がしやすく、ロスも少ない。

しかし、真上りでタッキングを繰り返しながら走るようなコースならタックチェンジも可能だが、片上りやリーチングのコースだと、セールチェンジのためにわざわざタッキングするわけにはいかない。その場合は、ストレートチェンジということになる。

ストレートチェンジでも、新しいセールを風上側に揚げて古いセールを風下側から降ろす方が比較的作業がしやすい。これを「カミ揚げシモ降ろし」と呼んでいる。

逆に新しいセールを風下側から揚げる場合、セールのセットが大変になるし、風上側から古いセールを降ろそうとすると、風圧で２枚のセールがピッタリくっついてしまって降ろしにくかったりする。

とはいえ「カミ揚げ」「シモ揚げ」どちらにするかは、今のセールが左右どちらのグルーブ＆ハリヤードで展開されているかによる。つまり、今、風上側のグルーブを使ってセールを揚げているのなら「シモ揚げ」で風上側からセールを降ろすしかないわけだ。

スタート後、スターボードタックの片上りがしばらく続くようなコースなら、ポート側のグルーブ＆ハリヤードを使ってセールを揚げておくなど、先の展開を良く読んで準備しておかなくてはならない。コースやその後の風、天候予測など、乗組員全員で情報を交換し合ってスタートに臨もう。

ちなみに、ジブシートがかなり出るほどのリーチングの場合は、シモ降ろしもかえって大変だったりする。「先を読む」と一言でいっても、なかなか難しいのだ。

新たに揚げるセールを取り出す

風上側のジブシートを外す

新たに揚げるセールにジブシートを結ぶ

新しいセールをセットする

実際にセールチェンジの手順を見ていこう。

まず、キャビンから新しく揚げるセールを取り出す。この間、なるべくヒールを殺すよう、必要以外のクルーはハイクアウトし続けること。

ここではバウマン伊藝がセールを取りに行っている。ピットマンが取りにいってもいいが、体重の重いクルーはハイクアウトし続け、軽いクルーが取りに行く方が効率がいい。チームごとに役割を工夫しよう。

伊藝がキャビンから押し出したセールはメインシートトリマー本田が手を貸してデッキに出している（写真1）。

取り出したセールは、いったん風上舷のデッキに置き、風上側の遊んでいるジブシートを外す（写真2）。

外したら、マストの前をかわして風上舷に回し、新しく展開するセールのクリューに結ぶ。この時、セールが変わればジブシートリーダーの位置も変わる。ナンバー1からナンバー3へのチェンジの場合では、サイドステイの外→内の違いや、レールの違いにも気を付けよう（写真3）。（★ストレートチェンジの場合は、今使っているジブシートのエンド側を使って、そのまま風下側で作業する）

続いてハリヤードを取り付ける。バッグのファスナーは一番前まで引ききり、ファスナーを割り開いてピークを出す（写真4）。

この作業も、なるべく風上側でなおかつ前に行く時間が短くなるように、サイドステイの横で作業を行っている。急ぐようなら、この間にピットマンがジブシートを結んでいてもいい。

これらの作業の間、用がないクルーは、いつにもましてハイクアウトし続けよう。

バウマンは、ハリヤードを付けたままセールをバウデッキへ運ぶ。バッグにも入ったままだ。このタイミングで、ピットマンは今使っているジブハリヤードのエンドをさばいておくといい。バウマンが新しいジブのピークをヘッドフォイルにセットしたらすぐ、ピットマン平野はハリヤードを引き始める（写真5）。

ピットマンは、なるべく体重を生かすように、風上側からハリヤードを引いている（写真6）。バウマンがタックを付けるまで、ピットマンは1人で揚がるところまでテーリング。その後、バウマンがマストに戻りバウンスに入る。

（★ストレートチェンジでシモ揚げの場合は、ポート側のハリヤードを使い、今展開しているセールの風下をぐるっと回して使うことになる。セットもセールの風下で行わなくてはならない）

ハリヤードを付ける

セールをセットし、ホイスト開始

コクピット側からも上手いタイミングでアシストしよう

タックチェンジの実際

タックチェンジの実際を見てみよう。
ここでも重要なのは、チームワークとタイミングだ。
普段の練習がイザというときに効いてくる。スピードだけではなく、
セールチェンジの上手、下手は安全にも関わってくる。

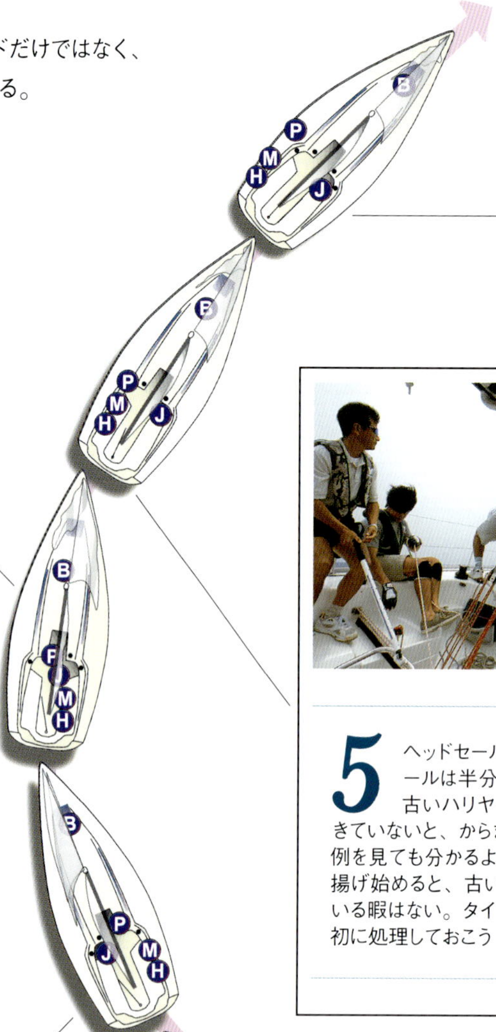

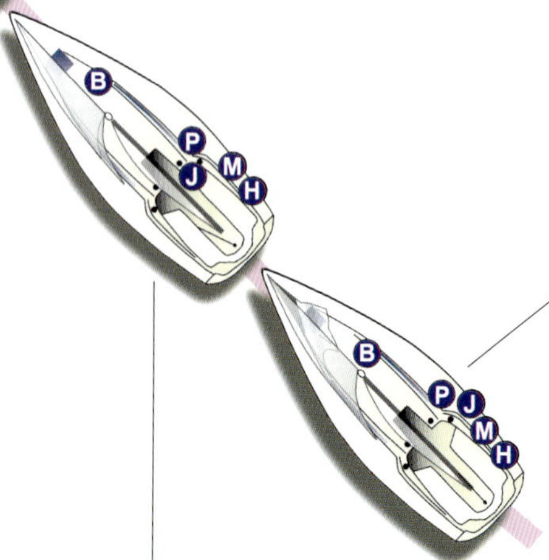

4 船は風位を越えつつある。ジブトリマーは新しいジブシートを引く動作に入っている。この時点で、古いジブが降り始めていなければならない。新しいハリヤードのウインチアップは最後のチャンスだ

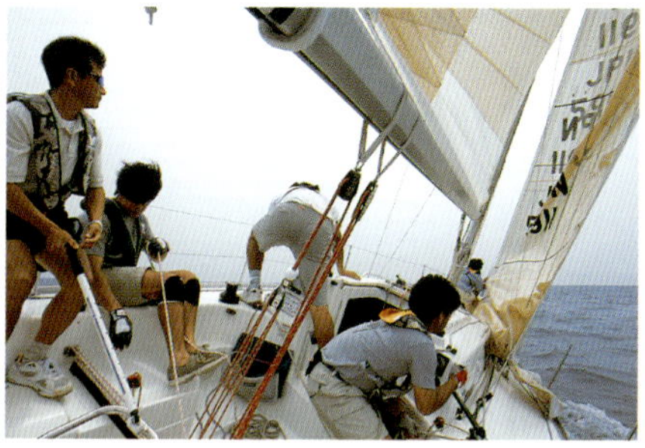

5 ヘッドセールが返った時には、古いセールは半分近く降りているのが理想。古いハリヤードがきちんとフレークできていないと、からまって大失敗となる。この例を見ても分かるように、新しいハリヤードを揚げ始めると、古いハリヤードをフレークしている暇はない。タイミングを逃さないよう、最初に処理しておこう

3 ジブシートのリリース直前。ここでピット平野は古い方のジブハリヤードをカットすべく体を伸ばし始めている。このカットが遅れるとジブの素早い回収に失敗する。しかし（特に強風時）ピットマンとしては新しいハリヤードのテンションも適切にしておかなくてはならない。タッキングが完了した後では、ウインチでも引けなくなる

2 ハリヤードを揚げきったら、直ちにタックに入る。写真の時点ですでに舵は切られていて、ジブトリマー小林（Ｊ）は風下側に移動を始めている。バウマン（Ｂ）はすばやくソーセージバッグを回収。ピットはハリヤードテンションをファイナルまで入れつつ、古いハリヤードをカットする準備

6 ジブシートが完全に入った時点で、古いセールは全部降りきっている。この後、ジブシートを付け替える（古いセールに付いているポート側のジブシートを新しいセールに付ける）。ジブシートリーダーの位置が変わる場合（ナンバー1→ナンバー3、またはその逆の場合）は違うカーに通し直すのを忘れないように

1 新しいジブをセットしたら、ホイストする。ここまで、ピットマン（P）はできる限りハイクアウトに努めることになるが、現在使っているジブハリヤード（写真の例では風下側になるポートハリ）が出ていく時にからまらないようフレークしておくのを忘れないこと。この先、ピットマンはかなり忙しくなる

タックチェンジのポイント

①右のジブハリヤードを使うなら、ヘッドフォイルは右のグルーブを、左のハリヤードを使うなら左のグルーブを使わないと、セールチェンジはできなくなるので最初のジブセットには注意しよう
②スピードダウンを最小限に抑えるために、作業のないクルーは、できる限りハイクアウトしよう
③新しいジブシートのリーダー位置に注意
④古いハリヤードが出ていく時、絡まらないようにきちんとフレークしておく
⑤ハリヤードのカットが少しでも遅れると、セールダウンの作業が苦しくなる

降ろしたセールはたたんでパック

セール交換を終えたら、バウマンは降ろしたセールを抱えて後ろに戻る。ハリヤードはセールに付けたままマストの付近まで戻り、そこでハリヤードを外してマストの根元へ戻す。

しばらくタッキングがないようなら、ここまでの作業を終えてから、ジブシートを付け替える作業に入っても良い。

降ろしたセールは、たたんでバッグに入れてから仕舞いたい。次に、いつまた使うことになるか分からないのだから。

セールをピークからいったんキャビンの中に押し込んで、2人でライフラインを背にしてサイドデッキに座り、フット側から膝の上にたたみ込むようにしていくとスムースにたためる。ソーセージバッグをあらかじめ膝の上に引いておけば、そのままファスナーを閉じればパック完了。バッグの前後を間違えないようにしよう。

バウマン伊藝のアドバイス

場合によっては、降ろしたセールはバッグにいれずにそのままハッチから入れてしまっても良いケースもあります。また、ラフをセールタイで固く縛り、次にセールを上げる時のことを考慮したうえでパックなしでハッチに突っ込むなどケースバイケースです。

レースの展開、風の強弱などを常に考えて予想を立てていれば、ヘルムスマンやタクティシャンなどのチェンジコールに対しても冷静に対処できるはずです。

揺れる船首での作業はとても大変で十分な練習が必要です。練習でできないことは決してレースではできないのです。

まずピットマンとのコミュニケーションが大事。そしてどのように作業を行うかを一度自分の頭の中でシミュレーションすることが大事です。

ライトコンデションでの作業はそれほど危険はありませんが、ラフコンディションでの作業は大変危険を伴うことがあります。そんな時こそ冷静に作業を行わないとミスにつながり、危険も増します。

バウマンは二手先を読み、常に頭の中で船の上で起こることを予想しましょう。体の敏捷性だけではバウマンは務まりません。

ピットマン平野のアドバイス

なんといっても、バウマンとの連携が大事。バウマンが何をしたいのか、何を考えているのか、バウマンの行動を監視するぐらいの心づもりで見ているのがいいでしょう。また間違いをちゃんと正してあげることも大切です。

ハリヤードはどっち側？　ジブシートは誰が付け替えるのか？　ヘルプは必要なのかどうか？　事前にバウマンと細かく段取りすることです。

セールチェンジを命じられてから段取りを考え始めるのではなく、そのような可能性が出てきた時には自ら察して準備しておくことが重要です。バウマン、マストマン、ピットマンは、並んでハイクアウトしているはずですから、レース中も常にコミュニケーションを取り合っておきましょう。

作業としては、揚げて降ろすだけなので、落ち着いて、しかも確実にスピーディーにやりましょう。また、ハリヤードのマーキング（テンションの違いが出てくるため、事前に決めておく）、ジブカーのマーキング（ナンバー1ではカーの位置が何番とか）、左右のグルーブの掃除、チェックなど、事前の準備も大事です。

第4章

［上マーク回航］

THE RACING CREW WORK　CHAPTER 4

クルーワークの第一ステージは、ここで幕が開く

レース序盤のハイライト

クローズホールドのレグもあと僅か。いよいよ最初の上マーク回航だ。いったん左右に広がっていた艇団が、右からも左からも集まってくる。

風の読みが当たってダントツトップの艇もあれば、密集した状態でマークめがけて殺到してくる集団もある。緊張は、嫌が上でも高まる。

ここでの上手いマークラウンディング、つまり「いかにトラブルなくスピンが揚がり、ロスなく下マークへ向かうコースに乗れるか」が、レース前半の山場とも言えるだろう。

ここで非常に重要になってくるのが、クルーワークだ。『クルーワーク虎の巻』の最初のハイライトともいえる。

チームワークやお互いの信頼感をやしなうのは練習を基にした実戦経験が重要だ。基本を覚え、ばんばん経験を積んでいこう。

アプローチ

マーク回航の準備は、アプローチの仕方によって変わってくる。
アプローチの段階でマーク回航は始まっているのだ。

レイライン

上マークへの最後のアプローチ、つまりマークまでそのままクローズホールドで到達できるコースをレイラインと呼ぶ。レイラインにはスターボードタックのレイラインと、ポートタックのレイラインがある。

通常のフリートレースでは、マークは反時計回り——マークをポートに見て回る“ポート・ラウンディング”となる。つまり最後はスターボードタックでマークを回ることになる。

ルール上、スターボードタックの方が有利なので、早めにスターボードタックのレイラインに乗れば、余裕をもってマーク回航の準備ができる。しかしレイラインは風向や風速の変化によって絶えず一定というわけではない。またリーウエイや潮も勘案しなくてはならない。距離が長くなればなるほどレイラインを読むのが難しくなる。

そこで、タクティシャンとしては、足りなめでアプローチするコースを選択することも多い。クルーは、そのあたりを十分考慮して、回航準備に入らなくてはならないわけだ。

「この後、どういうコースを通ってマークにアプローチするのか？」「その間、他にどういう可能性があるのか？」。あらゆる状況を想定して準備しよう。

その上で、どういうセットになるのか、いつスピンをセットするのか、全員が把握していないと当然ながらうまい上マーク回航はできないのだ。

ヘルムス高木 裕のアドバイス

最後のアプローチは、スターボードタックのレグを10艇身残してレイラインに乗せるのが基本と考えましょう。

この距離が短いとポールセットの時間が足りなくておたおたすることにもなるし、逆に長すぎるとオーバーセールの危険が高くなります。

上マーク回航時は、ポートタック艇とスターボードタック艇が入り乱れての大混戦となることが多い。はじき出されないようにマークを回ることが第一となる。ここでケースを起こしてペナルティーを食らったり、失格となるともう最悪だ。

スピンアップの準備をしているクルーにとっては、このままマークを回れるのか？　あるいはあと2タック入るのか？　……によって段取りも違ってくるので大きな問題だが、スキッパーにとって、スピンアップの準備は二の次。今はとにかく他艇との位置関係を考えて船を回すことで精一杯、という場合も多いのだ。

クルーは、スピンを揚げる準備ばかり考えずに、今スキッパー（ヘルムスマン）が何を考えているのかを理解するようにして、その上でスピンアップの段取りをしていかなくてはならない。逆にヘルムスマンも多少はクルーの段取りを考えるべきだろう。

最近はオフセットマーク（ヒッチマーク）を設置して、無用の混戦をさけるようにもなってきている。

オフセットマークを設けることによって、上マーク回航後にスピンポールセットすればいいことになるし、マーク回航直後の艇との接触もなくなる。よって、より純粋に上マークを目指す戦いに集中できる。

デザイナーから入手したモデル艇（ヤマハ30S）のデータによれば、真風速10ノットの時に最も高いVMGが稼げるのは真風向40.7度付近（つまりタッキングアングルは81.4度）。それを元に単純に書き表すとレイラインは下図のようになる。

実際には、これにリーウエイや潮の影響を考慮しなくてはならない。

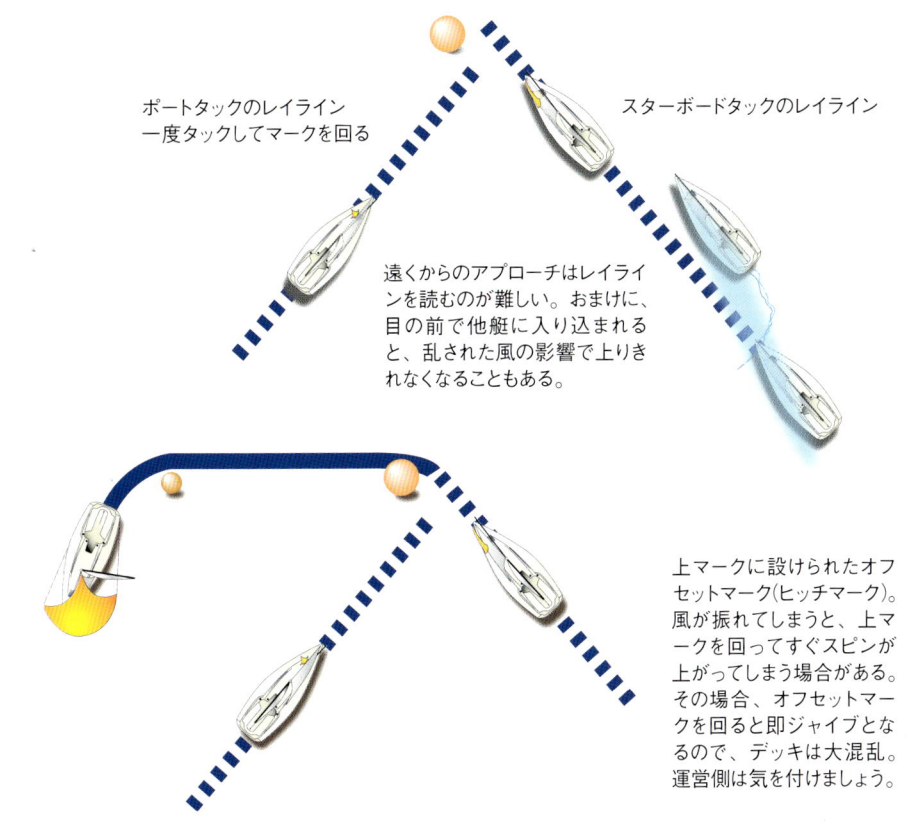

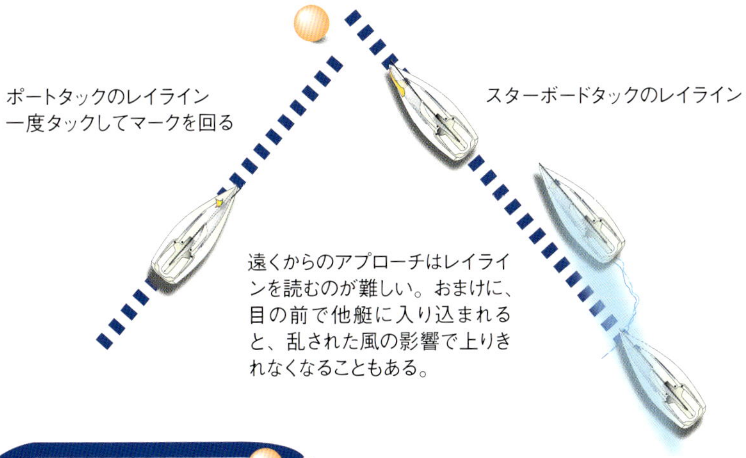
ポートタックのレイライン
一度タックしてマークを回る
スターボードタックのレイライン
遠くからのアプローチはレイラインを読むのが難しい。おまけに、目の前で他艇に入り込まれると、乱された風の影響で上りきれなくなることもある。

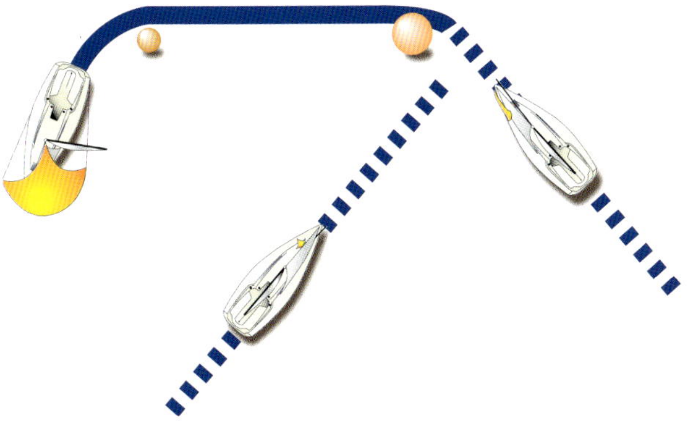

上マークに設けられたオフセットマーク（ヒッチマーク）。風が振れてしまうと、上マークを回ってすぐスピンが上がってしまう場合がある。その場合、オフセットマークを回ると即ジャイブとなるので、デッキは大混乱。運営側は気を付けましょう。

上マーク回航のパターン

風向や状況によってアクションパターンが異なる。
違いをしっかり頭にたたき込んでおこう。

1：ベアウエイセット

通常の風向なら、ベアウエイセットということになる。スターボードタックでアプローチし、そのままバウダウンしてスターボードタックでスピンを揚げる。当然スピンポールはスターボ側（右舷）、スピンはポート側（左舷）にセットする。

コースが風向に対して正しくセットされている場合、最もロスがなくマークを回ることができるのがベアウエイセットだ。

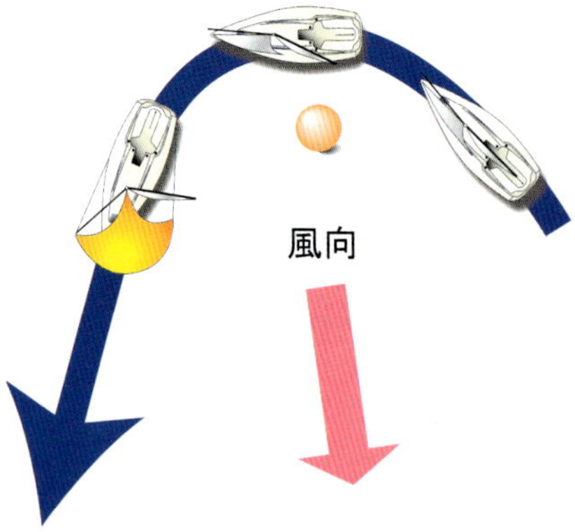

2：ジャイブセット

風向が右に振れていた場合、そのままベアウエイしてスピンを揚げると方向違いのコースを走ることになり、走行距離をロスする。

そこでポート側にポール、スピンはスターボ側（右舷）にセットし、マークを回ったらそのままジャイブをしながらスピンアップ。ポートタックでスピンを揚げて、より下マークに近いコースで走る。これがジャイブセットだ。

ただし、スピンがきちんと展開されるまで多少時間がかかるので、特に風速が弱いときや、艇種によっては逆にロスとなることも。よってベアウエイセットからすぐにジャイブする、というチョイスもありだ。

ベアウエイセットとジャイブセットでは、準備がかなり違ってくる。どちらになるのか、早めに決定したい。こうしてイラストで描けばどちらが有利か一目で分かるが、実際海の上では下マークの位置を見渡せるわけでもないし、風向もハッキリとは分からない。最終的にはタクティシャンが決定するわけだが、クルーもそれまでの上りのレグでスターボードタックの時間が長ければ「ジャイブセットがあるかもしれない」などと、考えておいた方がいい。

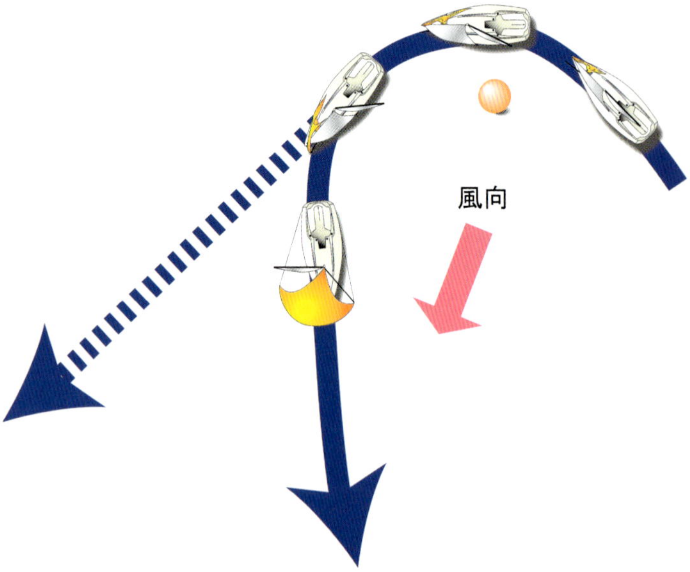

3：タックセット

ポートタックのレイラインからマークにアプローチすると、タックしてからすぐにマーク回航となる。これをタックセットと呼ぶ。

タックしてからスピンポールをセットすることになるだけで、後はベアウエイセットと同じだ。

コースの左エンドまで走ってしまうと嫌でもこういうパターンになるが、ルール上、マークの2艇身以内でのタッキングはリスクが大きい。なるべくならタックセットになるようなシチュエーションは避けたい。また、イラストにはあげなかったが、タック・ジャイブセット、ということもありうるが、これも同様の理由からなるべく避けたい。

とはいえ、可能性としてはありうるので、クルー全員がこれらの呼び方とアクションを頭に入れておこう。

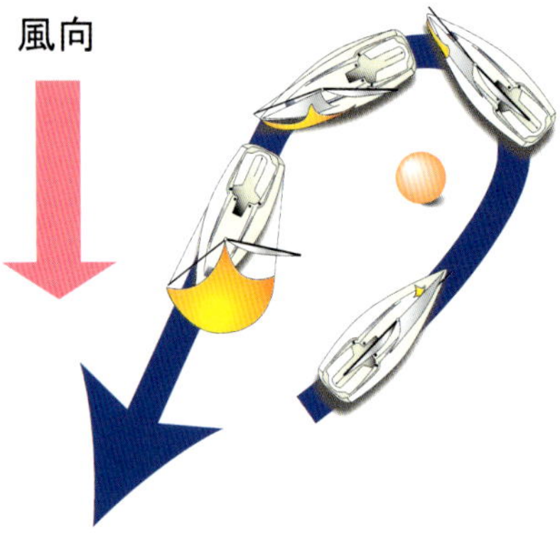

スピンはどこから揚げるのか？

バッグホイスト。スピンバッグをデッキに出す手間は増えるが、確実にパックされているので失敗は少ない。バッグはライフラインなどに留めないと、スピンと一緒に飛んでいく

ハッチホイスト。２回目以降のホイストならば、降ろしたスピンをそのままハッチから揚げることができる。きれいに取り込めていないと、ホイストの際に絡まることもある

ハッチホイストする前にはピークとクリュー、タックの３点を出した状態でハッチを閉めておくことになる。強風時にはここから海水が入ってしまうことにもなる

コンパニオンウェイからのハッチホイスト。バウにクルーが行かなくてもいいので、小型艇では特に有効

バウマン伊藝のアドバイス

写真では、スピンの左右（通常、青いテープが右舷側）が逆になっていますが、スターボード（右舷）側にドロップしてからベアウエイセットになると、こうなります。ハッチホイストの場合、風の強さが変化しなければ、ハッチにスピンをステイさせたままギアだけ回してクリップするために表裏反対に展開してしまうことになるわけです。スポンサーロゴやチーム名が入っていると格好悪いですが、セーリングには問題ないので私はスピンの左右はあまり気にしていません。

最初のラウンディング

ベアウエイセットかジャイブセットかによって、どちらのサイドにスピンをセットするかが決まる。ベアウエイセットならポート（左舷）側に、ジャイブセットならスターボード（右舷）側にセットすることになる。

最初、スピンはパックしてスピンバッグに入った状態になっている。最初のスピンホイストならそのままバッグごとデッキに出してセットすればいい。これをバッグホイストという。一番確実な方法だ。

大型艇なら毛糸や輪ゴムでピークとタック側をそれぞれまとめておけば、スピンが揚がりきるまで風をはらむことがないのでホイストも楽になる。しかし、モデル艇のサイズならよっぽどの強風でないかぎりそのままでＯＫ。パックの仕方は、第１章を参照していただきたい。

２度目のラウンディング

２度目のホイスト（つまり２上マーク）では、スピンは降りたままになっているはず。上りのレグの間にパッキングしてもいいが、この間はなるべくハイクアウトしていたい。そこで、降ろしたスピンをそのまま揚げることもある。バウハッチから降ろしたら、そのままバウハッチから揚げるというわけだ。これをハッチホイストという。

きちんとスピンを取り込めていないと、当然ホイストもうまくいかなくなるので注意したい。特に強風時には、一度パックしてバッグに入れておいた方がいい場合もあるし、微風時ならヒールを気にせずパックもできる。そのあたりは臨機応変にチョイスしよう。

ハッチホイストの場合、スピンがどういう状態になっているかは、どういう状態でスピンを降ろしたか？　にかかわってくる。

左舷側にドロップすれば、次の上マークでベアウエイセットするのは簡単になる。そこで、通常このサイズのボートでは、常にポート（左舷）側に（それが風下でも風上でも）ドロップすることが多い。

ギア・ラウンド

取り込んだサイドと反対側にセットしなくてはならない場合、つまり左舷側にドロップした後ジャイブセットになったような時は、いったん３点（ハリヤードと左右のスピンシート）を外し、一緒にまとめて、ズルズル逆サイドに回す。これをギア・ラウンドと呼ぶ。スピンハリヤードも一緒に回すのを忘れないように。

もちろん、バッグホイストの場合にも、ギア・ラウンドの必要が生じることがある。

ギア・ラウンドは、クローズホールドのレグの間に行う。船をオーバーヒールさせないよう配慮することはいうまでもない。タイミングをみて、スピーディーに行おう。

同じハッチホイストでもコンパニオンウェイから行う方法もある。クローズホールド中にもわりと簡単にスピンをさばくことができるし、必要以上に前（バウ）に行く必要もないので、J/24などの小型艇では一般的な方法だ。船が大きくなると取り込む時に多少苦労するが、30ftサイズならこちらも選択肢に入る。

ベアウエイセット

上マーク回航の基本形、ベアウエイセットからマスターしよう。

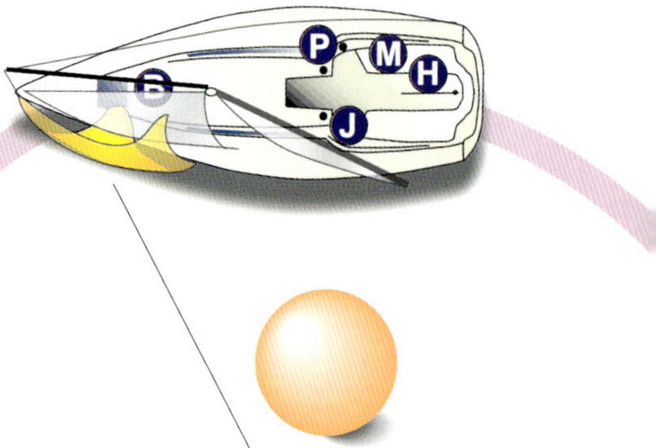

4 直前までバウマンはこういう感じでスピンをおさえる。スピンハリヤードは少なくともライフラインの上まで引いておかないとジブとライフラインの間に引っかかって揚がらなくなってしまうことがあるので注意。マストマンがいれば、この状態でホイスト開始。このチームでは、ここからバウマン伊藝がマストに飛んでいってハリヤード・バウンスに入る

4' これを外から見るとこういう感じ。ホイスト直前だ。この時点でアフターガイはフォアステイのところまで引いておく。スピンシートはサイドステイあたりまで。ジブシートはある程度引き込んだままでクリートしておく。風向に合わせてジブシートを出してしまうと、出ていくスピンがひっかかってしまうので注意

4" メインシートを出してベアしていく。強風時はブームバングもある程度出さないとベアしていかない。ホイスト直前までスピンを押さえていたバウマンも、この写真ではマストに付いてバウンスに入っている

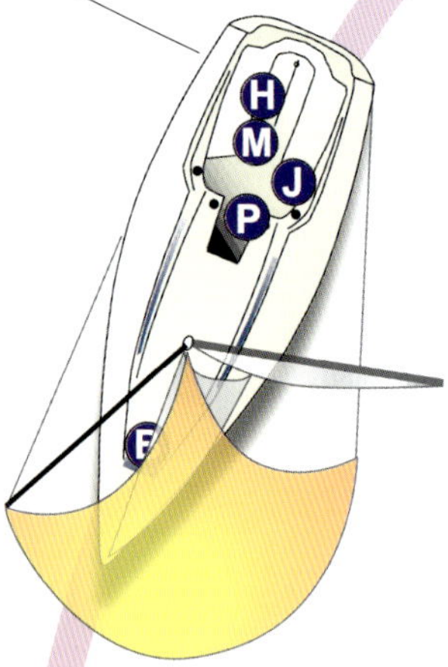

5 スピンハリヤードのホイストはスピードが勝負。バウマンはマストで、ピットマンはコクピットで、共にスピンハリヤードを猛スピードで引いている。ウインチにはかけなくても、ジャマーを閉じておけばＯＫ

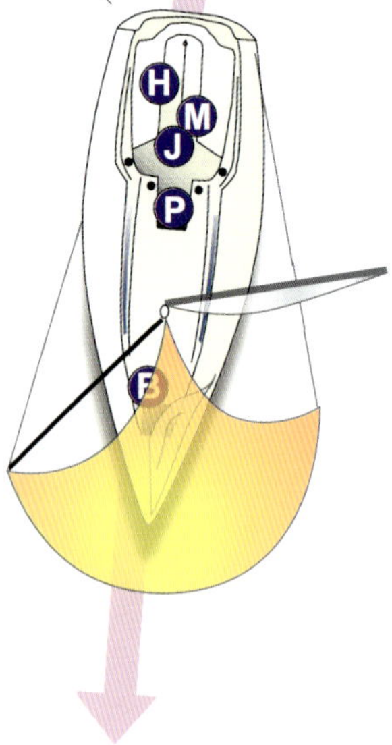

6 ハリヤードが揚がるタイミングを見て（ハリヤードが揚がるスピードにもよるが、残り2mくらいで）アフターガイを引き、ハリヤードが揚がりきると同時にスピンをはらませる。ここでは手の空いたメイントリマー本田がアフターガイを引いている。フォアガイはあらかじめマーキングし、クリートしておけば、ポールが必要以上に後ろに来ない

7 スピンが揚がりきったら直ちにジブダウン。トリマーはスピンをトリム。手の空いたクルー（ピットマンかマストマン）はフォアガイを引いてスピンポールを固定。バックステイ、メインセールのアウトホールとカニンガムをゆるめるのも忘れないように。バウマンはいつでもジャイブを行えるような状態になったら「ジャイブ・クリア！」のコールを

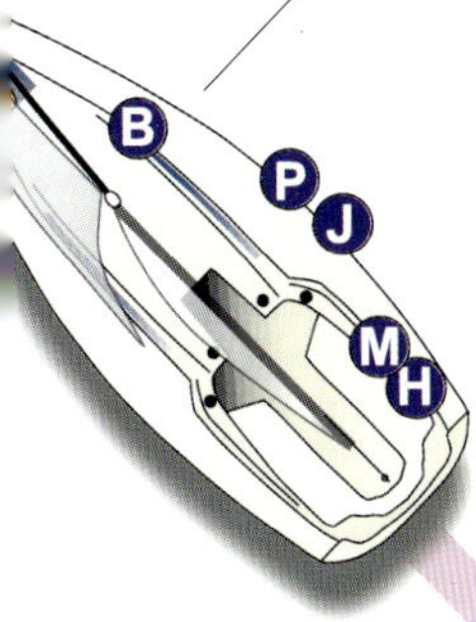

3 いよいよ上マークがバウにかかってきた。バウマンはガイを引きはじめているが、他のクルーはまだヒールを起こしている。また、左右のスピンシートはこの時点ですでにキャビントップのウインチにリードされている。当然、風上側がアフターガイになる

ヘルムス高木 裕のアドバイス

マークまでの距離はジブトリマーがコールしますが、スピンホイストのコールはヘルムスマンが行います。命令系統は1つにすること。不慣れなチームはクルーが興奮してバラバラな指示をしていることがあるので注意しましょう。

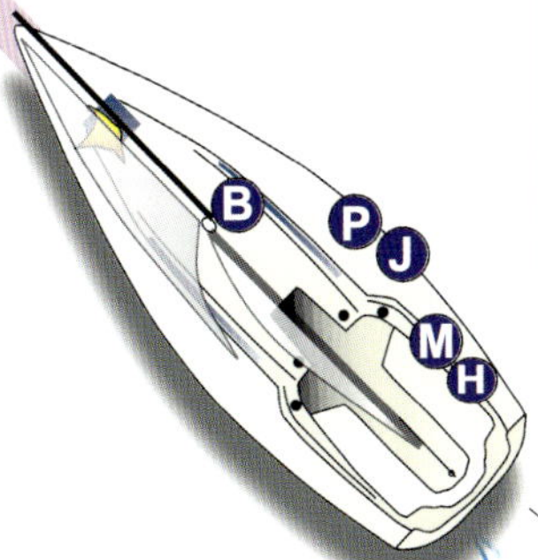

2 スターボードのレイライン上でタッキング。タッキングの際に、ピットマンはトッピングリフトのエンドを持ってハイクアウト。上マークまでの距離を見て、バウマンがポールをセット。同時にピットマンはトッピングリフトを引く。オーバーヒールさせないように、ピットマンはなるべくハイクアウトしたままの体勢で引こう。この時、風上側のジブシートとアフターガイにたるみを持たせておかないと、スムースにポールが揚がらないので要注意。前と後ろの連係プレイが大切だ

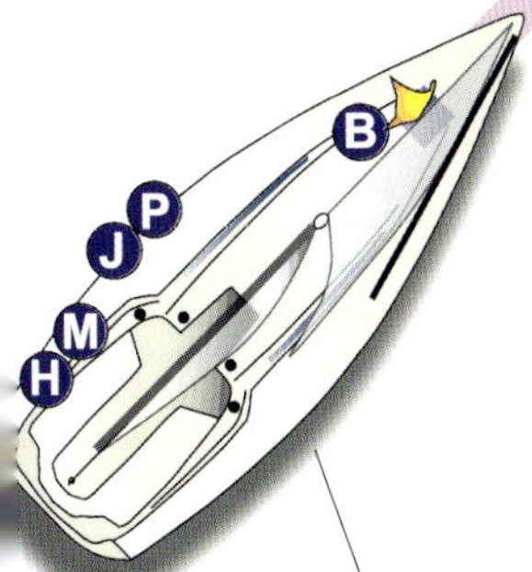

1 ベアウエイセットの場合は、スピンはポート（左舷）側にセットする。ポートタックのレグを走っている時なら風上側で作業が行えることになる。スピンハリヤードのジャマー（ハリヤード・ストッパー）を開けて、ピークにハリヤードをクリップ。さらに左右のシートをクリップする。この際、スターボードサイドのウイングハリヤードを使うなら、その前にフォアステイの前をかわしてポート側に回しておかなくてはならない（第3章参照）

ジブ小林のアドバイス

微～軽風の時は、風下側のツイーカーはあらかじめ全開に出しておきます。風が弱ければ、そのまま出しておくことになります。

逆に吹いている時は、ブームに触るくらいでカムします。全開にしておくとブームエンドにツイーカーが引っかかったり、スピンがはらんだ時にスピン自体のパワーが生かされません。

いずれにしても回航後、スピンが風をはらんだらすぐにツイーカーを適正な位置に調整すること。ツイーカーの調整については、次の章で詳しく解説します。

また、スピンシートのオーバートリムが一番艇速に影響してくるので、要注意。同時に、ポールバックのタイミングが遅れないようにすることも大切です。風が弱ければ、スピンがジェノアの陰になって風をはらみにくくなります。フルホイストと同時に、風を入れるために1回でいいのでポンと大きくポールバックするようにしています（中風域までやっている）。その後、適度なポールのアングルにアフターガイを調節しています。

ジャイブセット

風向によってはジャイブセットも必要になる。さらなるチームワークが要求されるぞ。

ベアウエイセットが確実にできるようになったら、スピンホイスト後、なるべく早いタイミングでジャイブができるように練習しよう。「ベアウエイ即ジャイブ」で、多少の風の振れにも対応できるはずだ。艇速のロスは、最小限に押さえることができる。

しかし、大きく風が振れていたら、やはりジャイブセットということになる。ベアウエイセットに比べてスピンが開くのが遅くなるが、大きく風が振れていればコースに対してロスが少ない。

このサイズの船でジャイブセットを行うには6人乗りがベストだが、ここでは5人でそれをこなしている。マストマンの仕事をバウマンとピットマンが2人でカバーしてこなしてしまっている。

そのあたりを頭にいれて、手順をひとつずつ見ていこう。

3 バウダウンして風を感じなくなったら「ホイスト」のコール。通常はマストマンがハリヤードをバウンスするが、ここではピット平野が力任せに引いている。普通の人ではキビシイかも

4 ここで、メインは返さずデッドランでしばらく走る。スピンが揚がりきった時点でメインを返してジャイビング

5 メインが返った瞬間。ジブトリマー小林はジブシートとスピンシート両方を手にしているが、まずはジブを返すことに専念し、次にスピンシートを。ピット平野はすでにスピンハリヤードを揚げ終え、トッピングリフトに手がかかっている

6 ジブが返ったら直ちにスピンポールを上げる。小林はスピンシートとジブシートを。写真には写っていないが、メイントリマー本田はメインを返してから左舷側のアフターガイについている

6' バウマン伊藝はジブを返すのをサポートしてからポールを上げる

6'' このように手で押し上げてやる。もちろんこの時、ピットマンはトッピングリフトを引く

7 スピンは完全に風をはらんでいる。素早くジブを降ろし、「ジャイブ・クリア！」のコール

メイントリマー本田のアドバイス

ジャイブセットでは、風が後ろに回っているので、ジャイブ後、素早くポールバックして風を入れてやります。タイミングが早すぎてもポールが揚がりにくくなるので注意。

第4章 上マーク回航

> **1** ジャイブセットの場合は、スピンはスターボード（右舷）側。スピンポールはポート側になる。つまり、ポート（左舷）側にスピンが降りていれば、ギア・ラウンドしてハリヤードをスターボード側に回すことになる

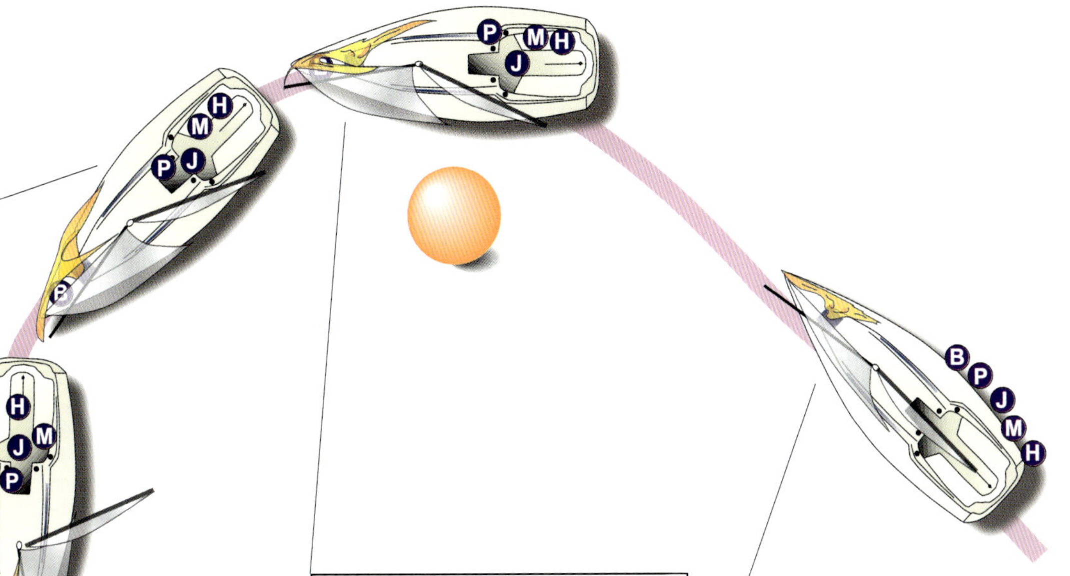

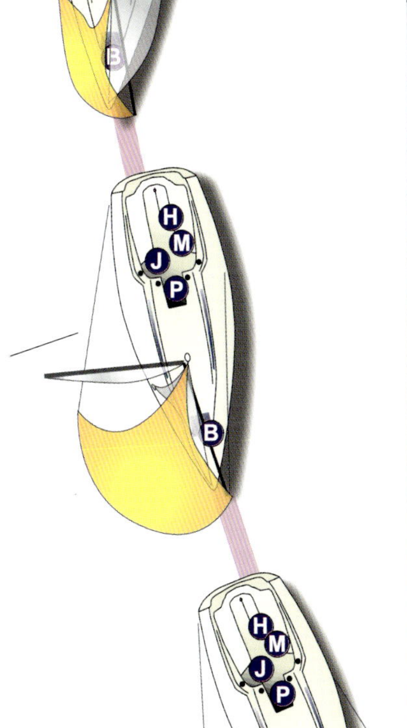

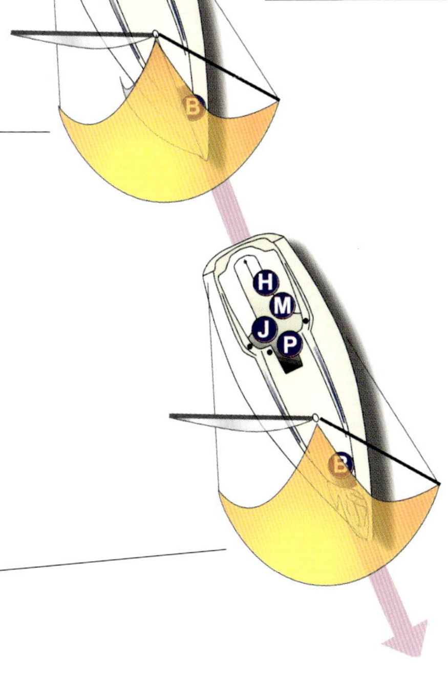

> **2** ジブが返るまではスピンポールは上げられないので、根元だけセット。写真では見にくいが、先端はポート側に出ている。右舷側のジブシートはスピンポールの上、トッピングリフトの前を通っているので、この状態でもジブは返る。ジブの風上側にスピンがあるので、この状態でスピンハリヤードをゆっくり揚げていくことができる。スピンのタック（ガイ側）はフォアステイの向こうまで回してあり、当然、スピンポールのパロットビークには通している

ヘルムス高木 裕のアドバイス

マーク回航後、インに入られるのを嫌ってすぐにジャイブし、そのまま切り上がってしまう例をよく見かけます。

スピンハリヤードが揚がりきるまで、メインは返さずデッドランで走るのがポイントです。

ジャイブセットでもベアウエイセットでも同様に、ベアする時は最後までハイクアウトに努めること。これを怠るとアプローチでの高さをロスするし、またオーバーヒールしてベアウエイできなくなったりもする。

前ページの写真の例では、タックしてからマークまでの距離が短かったので、まだジブトリマーが風下舷にいるうちに作業に入っているが、他艇と競っているときはオーバーヒールして高さを失うのは大きなマイナスになる。その場の状況を考えて、ヒールを起こして上り角度をロスしないようにするのが重要なのか、ポールセットが重要なのかを判断しよう。

またジャイブセットでの例のように、スピンポールは根元だけセットしておいてもトッピングリフトをゆるめることでタックはできる（ジブシートがトッピングリフトの前を通っていることを確認）。これはタックセットの時も同じ。ポートタックのうちに根元だけセットしておくことになる。

ハッチホイスト

こちらは、同じハッチホイストでもコンパニオンウェイハッチからのホイスト。
艇種によってはこちらが基本になる場合もある。

1 マークへのアプローチ。アフターガイの引きが遅れるとスピンがツイストしてしまうので、フォアステイ直前まで引いておく。セールが全部出ていかないようにピットマンが押さえている。25ft程度の小型艇なら一気にスピンを放り出してもいい

2 ヘルムスマンの「ホイスト」のコールと共にハリヤードアップ。ハリヤードのホイストのスピードが重要なのは同じ。この例では、ピットマンがスピンを離してからすぐにハリヤードのテーリングに入っているが、6人乗りならば、このあたりも手数は足りる

3 タイミングを見てガイバックし、スピンに風を入れる。ジブシートは出さずにクリートしてある。これも普通のベアウエイセットと同じ。風向に合わせてジブシートを出してしまうと、出ていくスピンが引っかかってしまう

4 スピンが揚がりきったらジブダウン、スピンのトリム、メインカニンガムオフ、アウトホールオフ。これらは他のセットと同じ。取り込みも当然コンパニオンウェイへとなるが、これも第7章の下マーク編で解説する

ヘルムス高木 裕のアドバイス

慣れないうちはコンパニオンウェイハッチへの取り込み→ホイストを勧めます。

まず最初は普通にバッグホイスト、下マークでは風上側（ポート側）からコンパニオンウェイハッチへ取り込み、2上マークではそのままコンパニオンウェイハッチからホイストします。

バウハッチからスピンを取り込むと、どうしても水をすくったスピンをフォクスルに押し込むことになります。また、そのままバウハッチからホイストするには、どうしてもバウハッチをしっかりと閉め切れないのでクローズホールドの際に波が打ち込むことがあります。クルーザーレーサーなど、フォクスルにバースがあるような艇では、バースマットがビショビショになってしまいます。

その点、コンパニオンウェイハッチなら大丈夫。ただし風下側からスピンを取り込むとジブシートに干渉してしまったりというマイナス面もありますが、風上側から取り込めばそれも問題ありません。

取り込みについては、別の項（下マーク回航）で詳しく解説しますが、初心者チームの場合、無理せず常にポートタックで下マークへアプローチし、風上側のポートサイドにドロップ。次の上マークではジャイブセットはなし。風が振れている時はベアウエイセットからなるべく早くジャイブする、とパターンを決めてしまった方がミスが少なく、結果的にはスムースなマーク回航ができるでしょう。

Tips

ジブダウン

スピンが揚がりきったら直ちにジブダウン。バウマンがジブに付くのを見計らってピットマンはジブハリヤードをカット。

セールが海に落ちないようにバウマン伊藝は大きなストロークで降りてくるジブをデッキに乗せている。

また、強風時はジブダウンよりも船のバランスをとって安定したスピンランに入る方が重要だ。ジブダウンは急がず、スピンのトリムと船自体のトリムに注意しよう。

船が安定してから落ちついてジブを降ろせばいい。

セールが降りてくるスピードが速すぎるようなら、あせらずヘッドフォイルごとジブをつかむとよい。

ヘルムス高木 裕のアドバイス

スピンを少しでも早くはらますためには、素早くジブを降ろすこと。バウマンの用意ができていなくても、ピットマンはジブハリヤードをカットし、2mくらい降ろしたところでハリヤードを留め、バウマンの用意ができるのを待ちましょう。2mでもジブが降りると、スピンはとてもはらみやすくなります。

上マーク回航のポイント

1:どういうアプローチ、どういうセットになるか、クルー同士でコミュニケーションをしっかりとろう

2:ポールセットのタイミング。バウマン1人の仕事ではない。ジブシートやアフターガイをゆるめてやるなど、全員が協力してスムースに

3:ハリヤードホイストのスピードが要だ

4:すばやくスピンに風をはらませる

・ポールバックが遅れないように

・スピンシートのオーバートリムに注意

・ツイーカーは出しておく

・素早くジブを下ろす

ホイスト

スピンアップで重要なのは、ハリヤードを揚げるスピードだ。これが遅いと、途中で風がはらんでしまい、スピンが捻れて揚がってしまう。「ちょうちん」などと呼ばれているが、当然艇速が上がらないので肝心のところでの大きなミスということになる。

スピンハリヤードのホイストは、通常マストマンがマストでバウンスすることになるが、5人乗りのこのチームではバウマンが戻ってバウンスしている。

また、ジャイブセット時には、バウンスなしでピット平野がコクピットから引いているが、これは怪力の平野ならでは。常人ならマストマンを用意し、6人乗りで練習したいところだ。

大きなストロークで腰の入ったバウンス。このスピードがスピンホイストの要だ。

第4章では、上マーク回航について集中して解説してみた。
ジブトリマー小林がスピンシートとアフターガイを両方持ってトリムしているシーンもあるが、
実際には、ピットマンがアフターガイに付く。強風時にはバウマンがスピンシートウインチにも付く。
ジャイブを含めて、スピンランの実際は次章で説明しよう。

第 5 章

［風下航］

THE RACING CREW WORK　CHAPTER 5

スピンランの「いろは」

爆走!!　ダウンウインド

前章では上マーク回航ということでスピネーカーのホイストについて説明したが、この章ではそのトリムについて解説しよう。

スピネーカーとは、ダウンウインド（風下航）用の左右対称のセールだ。ピーク、タック、クリューの3点でトリムされるので、ジブセールと異なりうまく風をはらませておかないとマストやフォアステイにからみついたりするし、クロスも薄いので破れやすい。しかし、レースにおいては、必ず必要になるものである。

スピーカーのトリムでは、スピンシート・トリマーはもちろん、アフターガイやフォアガイも同時に操作しなくてはならず、強風時にはウインチを回すグラインダーも付く。ときには強風に煽られてブローチングなんていう自体にも陥ってしまうのだ。

スピネーカーランはまさに総合力の勝負だ。うまく使いこなすか否かはレースの勝敗を決める大きなキーポイントになる。

スピネーカーの種類

一言でスピネーカーといっても、いろいろな種類があるが、一般に30ftクラスのレース艇ではスピンは2枚まで搭載していいことになっている。モデル艇では「0.5オンス・オールパーパス」と、「0.75オンス・オールパーパス／リーチャー」を搭載している。

0.5オンスとは、使用されている生地の重さ。つまり生地の厚さと考えてもいい。0.75オンスといえば0.5オンスより生地が厚いということだ。

オールパーパスはその名の通り、一般的に用いることができるシェイプであるという意味である。対して0.75オンス・リーチャーは、中風域のリーチングや強風下のランニング用で、クロスの厚みのみならずシェイプも異なる。

当然ながら、軽風用のスピンを強風下で無理に揚げ続けるとバーストする。コンディションをよく判断し、適切なスピンを選ぼう。

他にも「VMG」とか「ランナー」など、セールメーカーによって様々な種類、呼び名のスピンがあり、またナイロン製、ポリエステル製などその材質にも違いがある。

しかし、ルールによって搭載できるスピンの枚数は決まってくるので、何種類も持っている艇でもその日のコンディションによって規定枚数だけピックアップしてから出港する、ということになる。

また、非対称スピン（アンシンメトリカル・スピン）、いわゆるジェネカーを搭載している艇もあるが、ここでは左右対称のスピネーカーの取り扱いについて説明する。

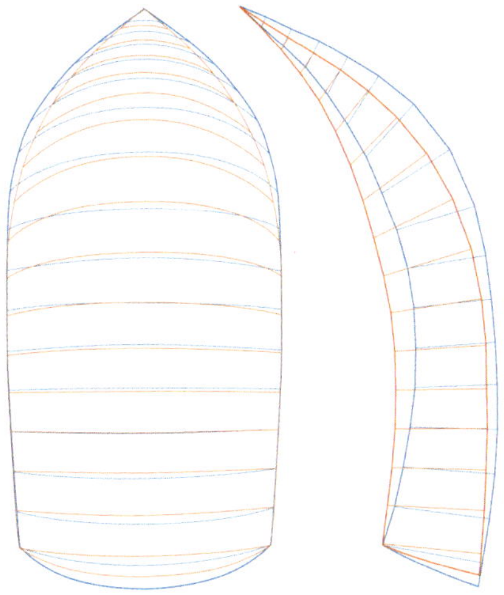

スピンの形状の違いを、実際のモールドからみてみよう。ここでは違いが分かりやすいようにランニング用のスピン（ランナー）とリーチング用のスピン（リーチャー）のモールドを比べてみた。青の線がランナー、赤い線がリーチャーである。リーチャーの方がショルダー部が狭く、エリアはやや小さく、フラットになっているのが分かる（資料提供：ノースセール・ジャパン）

スピネーカーをコントロールするロープ類

シートとアフターガイ

モデル艇のヤマハ30Sの場合、同じシートでも風下側がスピンシート、風上側がアフターガイになる。ジャイビングしてタックが入れ替わるたびに左右のシートの呼び名が変わるので注意しよう。これを「シングルシート・システム」と呼んでいる。

大型艇になると、風上風下それぞれに2本、シートとアフターガイが付いてジャイブしやすいようになっている。どちらか片方は遊んでいるので、それぞれレイジー・シート（風上側）、レイジー・ガイ（風下側）と呼ばれる。このあたりは次章の「ジャイビング編」でもう少し詳しく解説しよう。

スピンの風上側、つまりタックにはアフターガイが付き、スピンポールの先端を通って後ろに引かれる。スピンポールでなるべくマストから距離を離してスピンを展開できるようになっている。つまりスピンポールは長いほど有利だが、この長さはルールで決まっている。

トッピングリフトとフォアガイ

スピンポールはトッピングリフト（トッパー）で上に、フォアガイで下前方に引かれる。つまりアフターガイと合わせて3方向に引かれ、そのポジションはがっちり固定されるわけだ。逆にいうと、フォアガイを緩めてトッパーを引くとポールの先端（ティップ）は上に、フォアガイを緩めてアフターガイを引くと後ろに移動する。

スピネーカーのクリューにはスピンシートが付く。スピンシートはツイーカーを通してリードされる。ツイーカーを出し入れすることによってスピンシートのリード角を調節することができる。

ツイーカー

シングルシート・システムの艇の場合、風上側、つまりアフターガイにもツイーカーが付くが、こちらはいっぱいまで引いて使う。船幅が一番広い辺りから引くことによって、もっとも有効にスピンポールを下方向に押さえることができるからだ。

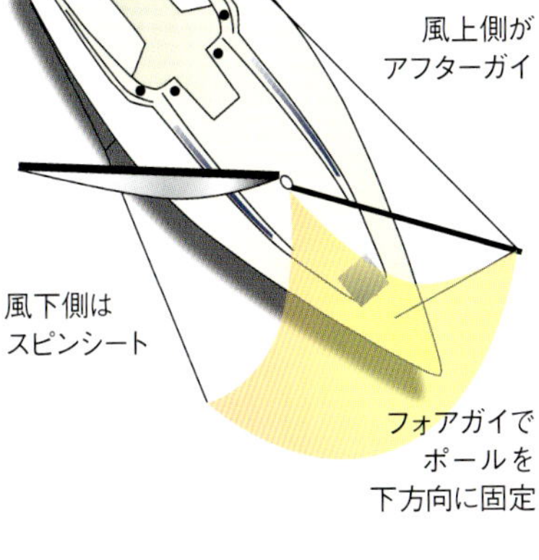

VMGを考える

クローズホールドの章でも説明したが、スピンランでもVMG(Velocity Made Good)が存在する。角度の変化はダウンウインドの方が大きいし体感速度もかなり異なるので、より感じやすいかもしれない。

軽風時、ヨットはデッドランで走ると非常に遅く感じる。自艇が走ることによって生じる風と風速が打ち消しあってしまうから、風も弱く感じるのだ。

この時、少し風上に上らせると、急に風を肌で感じることができるはずだ。ボートスピードもぐっとアップする。

ところが目指す風下マークはもっと風下にある。どのくらい上らせたら最も早く風下マークに近づくことができるのか? これがVMGだ。適正な角度は風速によって異なる。もちろん艇種によっても違う。

下図は、モデル艇(ヤマハ30S)のデザイナーからいただいたヤマハ30S固有のデータである。

真風速6ノットの時には、真風向140.5度で走ると艇速は4.41ノット——これは風下に向かって3.40ノットのスピードで走っていることになり、最も効率がいい。ちなみにこの時の見かけの風向は91.5度。つまり真横から風を受けて走っているように感じるが、これが風下マークへ到達する一番の近道となる。

一方、風速が上がって、真風速16ノットになると、真風向172.9度で走ってもさほどスピードは落ちず、その分角度で優るので風下へ向かう速度は6.96ノットと最速になる。……ということが、このデータから分かる。

ターゲットボートスピードでフネを走らせる

実際には、ちょっと上らせると艇速が上がり、その分見かけの風も強くなる。自艇の挙動の変化によって見かけの風速・風向の変化が激しいので、真風向を目安に最適を保って走るのは難しい。

そこで、ターゲットボートスピードという概念を用いて走らせることになる。

たとえばデータでは真風速10ノット時のターゲットは艇速5.68ノットであるから(P.45下表)、これよりスピードが落ちていたら上らせてスピードを付け、スピードがついたら徐々に落としてターゲットボートスピードを維持する。

ターゲットよりスピードが出過ぎていたら上りすぎと考え、ターゲットボートスピードになるまで下していく。これがターゲットボートスピードという概念を用いた最適なVMGを保つ走り方だ。

さらに軽風下では、スピンシートトリマーはシートに伝わる手応えをヘルムスマンに告げ、風の手応え(プレッシャー)がなくなったら上らせてスピードを付け、十分なプレッシャーを感じたら徐々に落として角度を稼いでいく。

この間、スピンシートはもちろんアフターガイやフォアガイもそれに合わせてトリムし続けるわけだから、スピンランのデッキ上はかなり頻繁にクルー間で情報のやりとりを行っているということになる。

強いチームのデッキ上では情報が飛び交っているのだ。

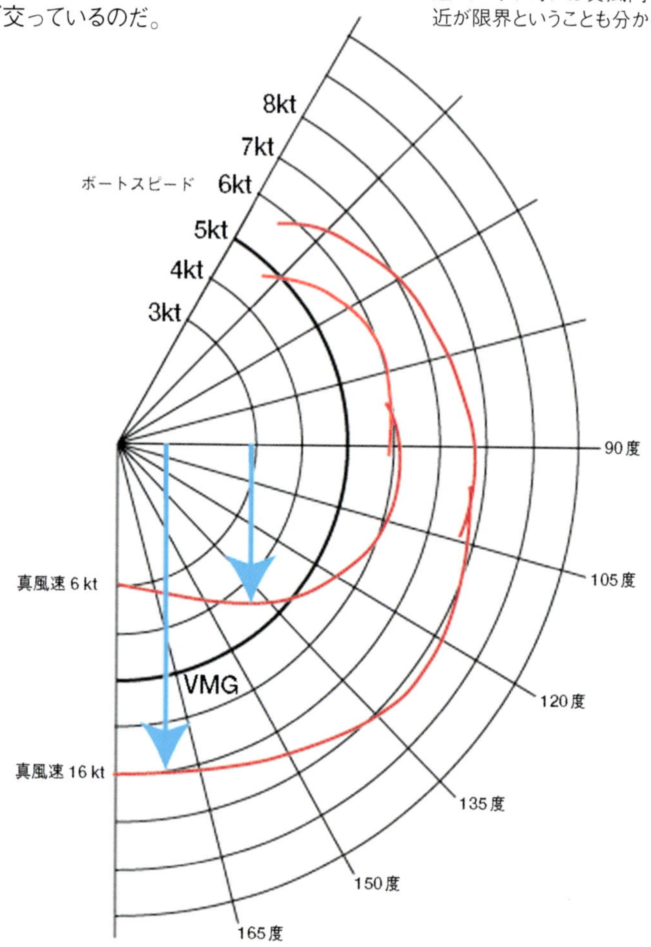

ヤマハ30Sのポーラーダイアグラム。真風速6kt時と16kt時の船の性能曲線だ。VMGと共に、真風速6ノット時には真風向80〜85度付近がスピネーカーの上限、真風速16ノット時には真風向100度付近が限界ということも分かる

真の風と見かけの風

ターゲットボートスピードの表を実際のヨットに置き換えてイラストにしたのが下の2図だ。

左は、真風速6kt時に最もVMGが稼げる角度で走っているところ。ヨットの上で感じる風（見かけの風）は、ヨットが前に進むことによって生じる風と実際に吹いている風（真の風）を合成したものになる。つまり、ちょっと上らせただけでも、船の上ではアビームで走っているように感じることになる。

右のイラストは同じ風向でも真風速16ktの時に最もVMGを稼げる角度。こちらはほぼ真後ろから風が吹いているように感じる。

もちろん両者を比べるとスピンのトリムも大きく異なっている。右のイラストでは見かけの風向に合わせてスピンポールは大きく後ろに引かれ、ツイーカーもほぼ一杯に引き込んでスピンシートのリーディング位置は前方に移動している。一方上のイラストではスピンポールは前に出て、ツイーカーも出してスピンシートのリーディング位置は後方へ移動している。

さあ、それではスピネーカーのトリムに付いて、もっと細かく見ていこう。

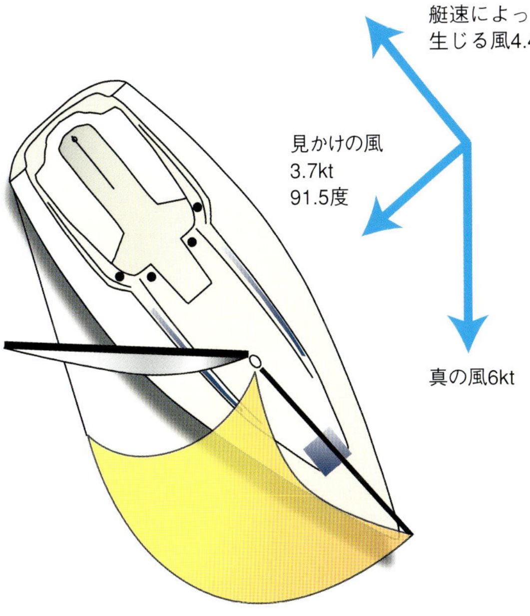

真風速6KT時に
最大のVMGを出すには

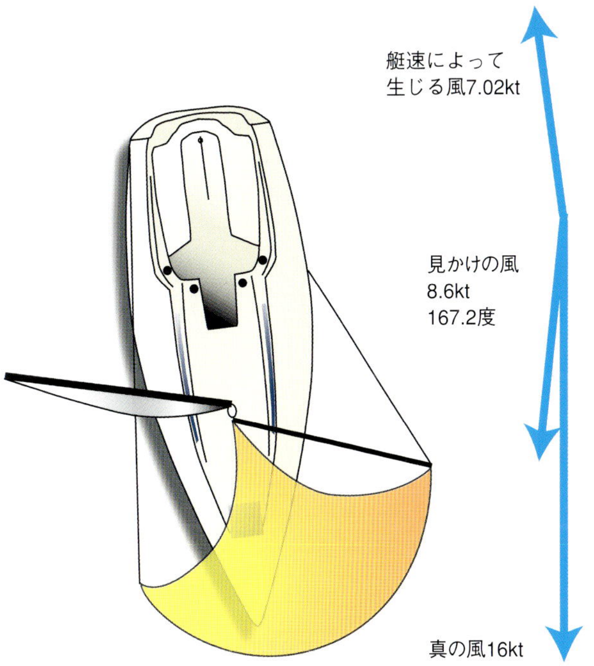

真風速16KT時に
最大のVMGを出すには

デザイナーから入手したデータをベースに作ったモデル艇（ヤマハ30S）のダウンウインドにおけるターゲットボートスピードを表にすると右のようになる。見やすい大きさにプリントアウトして、デッキに張っておきたい。

ターゲットボートスピードの基準はあくまでも真風速。艇上で感じる見かけの風速ではない。

最近のインストルメンツ（風向・風速計とスピードメーターが組み合わさった計器）なら、たいてい真風速を計算し表示してくれる。クラブレーサーといえども是非とも備えたい装備である。

TWS	TGS	TWA	AWS	AWA	VMG
6	4.41	140.5	3.7	91.5	-3.40
8	5.32	144.3	4.7	102.3	-4.32
10	5.68	154.5	5.2	126.5	-5.13
12	6.08	165.6	6.0	150.9	-5.89
14	6.08	170.5	7.2	161.9	-6.49
16	7.02	172.9	8.6	167.2	-6.96
20	7.84	173.4	11.7	168.9	-7.79

TWS＝真風速　TGS＝ターゲットボートスピード　TWA＝真風角
AWS＝相対風速　AWA＝相対風角

スピネーカーをトリムする

スピネーカーをトリムするキーワードはスピンシートとツイーカー、アフターガイ、さらにはトッピングリフトとフォアガイである。

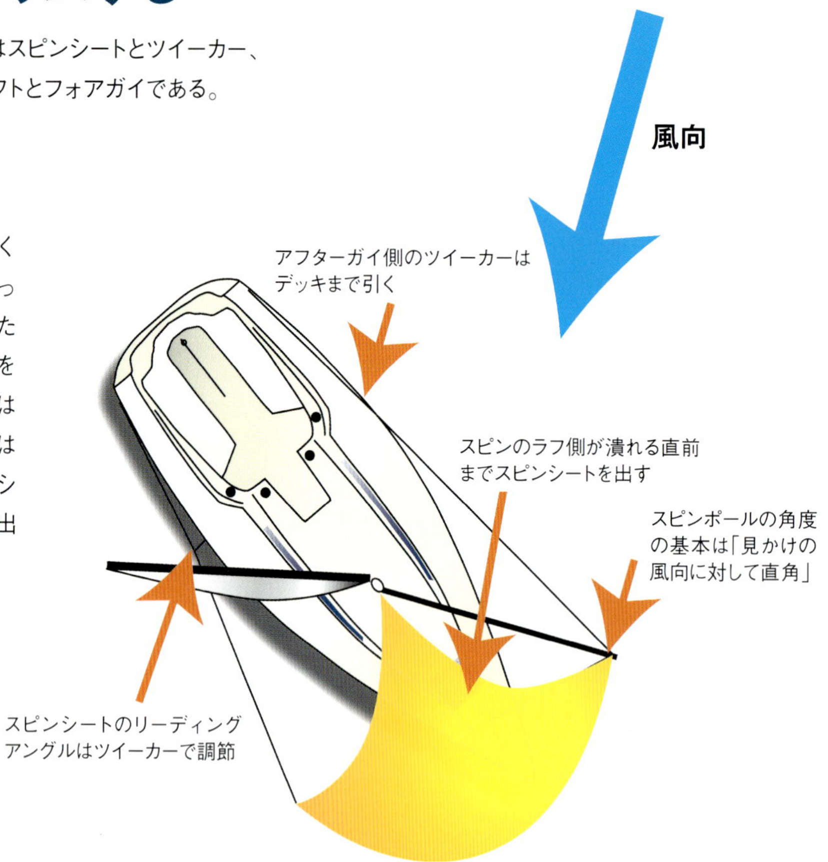
風向
アフターガイ側のツイーカーは
デッキまで引く
スピンのラフ側が潰れる直前
までスピンシートを出す
スピンポールの角度
の基本は「見かけの
風向に対して直角」
スピンシートのリーディング
アングルはツイーカーで調節

スピンシート

スピンシートをどんどん出していくと、やがてラフの部分に裏風が入ってスピンは潰れる。潰れそうになったら少し引いてやろう。スピンシートを引きすぎても、スピンは綺麗に風をはらんでいるように見えるが、これではスピードには結びつかない。スピンシートのトリムの基本は「潰れない限り出す」ということだ。

アフターガイ

アフターガイの出し入れでスピンポールの角度が変わる。スピンポールの角度は「見かけの風向に対して直角」が基本となる。

さらにはスピンのフットを見てみよう。スピンシートが適正にトリムされているのにフットが深すぎるようなら、ポールが前過ぎる。アフターガイを引いてポールバックすべきだ。逆にフットがフラット過ぎ、あるいはフォアステイに当たってしまっているようならスピンポールを引き過ぎ、あるいはスピンシートを引き過ぎだ。真ん中辺の横方向のシーム（クロスとクロスの縫い目）のカーブと比べると分かりやすい。

アフターガイを引く時には、同時にフォアガイを出さなくてはならない。素早い反応をするためには、フォアガイはクリートせずに手で持っておきたい。クリートの前から持って、横方向に引くと、力を入れやすいはずだ。もちろんアフターガイを出したらその分フォアガイも引いてやり、スピンポールを固定させることが重要だ。フォアガイは、マストマンが担当することが多い。

下写真の例では、ヘッドセール担当の小林がスピンシートとアフターガイを両方持って1人でトリムし、ピットマンがフォアガイに付いている。しかし、ちょっと風が上がってきたら1人でスピンシートとアフターガイをトリムするのは難しい。その場合はピットマンがアフターガイを担当することになる。

その際は、マストマンがフォアガイを担当。バウマンはスピンシートのクランクに付く。疲れたらマストマンとバウマンが交代してもいい。……と、モデル艇は5人でこなしているが、やはりこの船は6人で乗るのが望ましいといえる。

標準的な乗艇位置。バウマン伊藝はマスト部分に立って後方の風やライバル艇をウォッチしている。フォアガイはピット平野のように持つと力を入れやすく、反応も早くできる

ツイーカーとポールの高さ

「スピンポールの高さはクリューの高さと同じに」が基本だ。ではクリューの高さはどのようにして決まるのか？

写真1はわざとツイーカーを全部出してクリューを高く、しかもスピンポールを低くしてトリムしてみた例。スピネーカーが大きく捩れてしまっているのが分かる。

タックとクリューの位置を合わせるためにスピンポールの高さを上げると、写真2のようにスピンの上部が水平に近くなり、有効に風を捉えるエリアが減ってしまう。ショルダーもめくれやすく、パワーを失いかつトリムもしにくい。

そこで、ツイーカーを引くと、スピンシートのリーディング位置が前方にずれるのでクリューの位置は下がる。ポールの先端（ティップ）もそれに合わせて下げてやると、写真3のように適正な高さにスピンを展開することができる。

ツイーカーは、風が横へ回るほど出してスピンシートのリーディング位置を後ろに。逆に風が後ろへ回ればツイーカーを引いてリーディング位置を前へずらしてやる。また、同じリーチング時でも、波の悪い海面ではリード位置をやや前にしてパワーを付けて、あるいは強風時には後ろにずらしてパワーを抜く、なんてこともできる。

クリュー（写真の右側）とタック（左側）は同じ高さに。海面にではなく、デッキレベルに平行にする

❶タックとクリューの位置が合っていないと、このようにスピンは捩れてしまう

❷かといってスピンポールの高さを合わせると、スピン全体のパワーが活かせない

❸ツイーカーを活用してクリューの高さを調節し、スピンのパワーを最大限に活かそう

ポールの根元（エンド）

これまで説明してきたポールの高さとは、ポールの先端（ティップ）の高さのことだ。「スピンはなるべくマストから遠ざけて展開する」という原則からいうと、スピンポールはマストと直角にセットするのがベストということになる。つまり、ティップを上げたらエンドも上げるということだ。

艇種によっては、エンド部分がスライド式になっていて、無段階に上げ下げできるものもあるので、その場合はこまめに調節してやろう。

モデル艇の場合は、エンド部分はマスト側に取り付けられた2カ所のタングのどちらかを選ぶことになる。より直角に近くなる方のタングにエンドをつければいい。結果的には、微風〜軽風時は下のタング。中風〜強風時は上のタングということになる。

メインセールのトリム

ランニング

ランニング時のメインセールトリマーはわりと暇だ。とはいえ、手を抜いてはいけない。

メインシートは裏風が入らない限り、出せるところまで出す。ブームがサイドステイに当たる直前までが限界となるが、セールがスプレッダーやサイドステイに当たってもかまわない。

バックステイは完全に緩め、マストをできるかぎりストレートにしよう。ランニングバックステイの付いている船なら、空いているジブハリヤードをジブタックに留めて強く引くことにより、マストは完全に真っ直ぐに起こすことができるはずだ。これをマスト・フォワードという。マストをチェックしながら、ジブハリヤードの引き位置をマークしておき、オートマチックにマスト・フォワードできるように準備しておこう。

アウトホール、メインカニンガムも緩める。リーチのテンションはブームバングで調節しよう。

リーチング

リーチングの場合は、アウトホール、バックステイ共に、風速と風向に合わせて引いていくことになる。

クローズホールドではトップバテンとブームを平行にするのが基本だったが、リーチングでは第2バテンとブームが平行になるように。トラベラーは風下に移し、ブームバングで調節する。

メインのトリムによってヘルムが大きく変わってくる。ウエザーヘルムがきつくなったらメインのパワーを逃がして対応する。ヘルムスマンとよくコミュニケーションをとって、風のパワーを前進力に変えていこう。特に強風時はブローチングを防ぐためにもブームバングはいつでも緩めることができるように準備しておこう。

ヘルムス高木のアドバイス

クローズホールドでは「ブームとトップバテンを平行に」を基本にメインセールのツイスト量を決めていました。しかし、ランニングやリーチングではジブセールに代わりスピネーカーを展開しています。スピンのリーチはジブのリーチのようにタイトではありません。したがってスロット効果を考えた場合、クローズホールドの時よりもメインセールのリーチを開いてやる必要があります。

そこで私は「第2バテンとブームが平行に」を基本に、メインのツイスト量を僅かに大きくしています。

メイントリマー本田のアドバイス

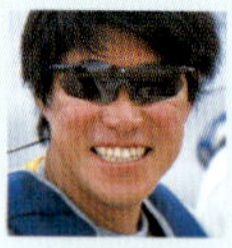

メインセールのトリムライン沿いにテルテールを付けると、トリムのいい目安になります。このテルテールの流れを見て、ブームバングを調節してみてください。

リーチが開きすぎている（バングが緩い）とトップの方の風上のテルテールが乱れます。

リーチが閉じすぎている（バングがきつい）とトップの方の風下のテルテールがだらんと垂れ下がります。

デッドラン以外の時には有効です。

風向、風速別の乗艇位置

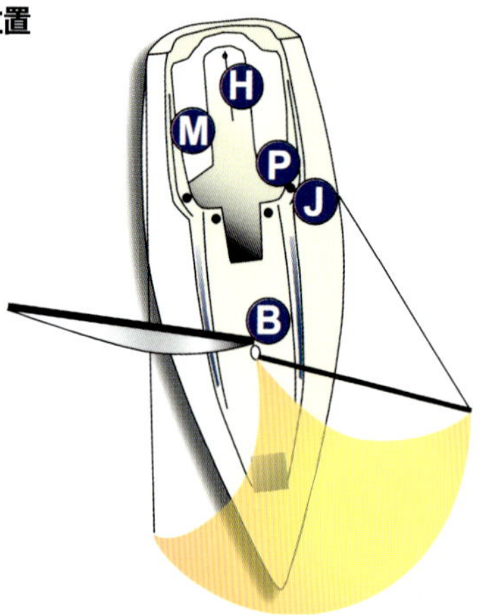

中風域までのランニングでの標準的な乗艇位置。前後左右のバランスをよく考えよう

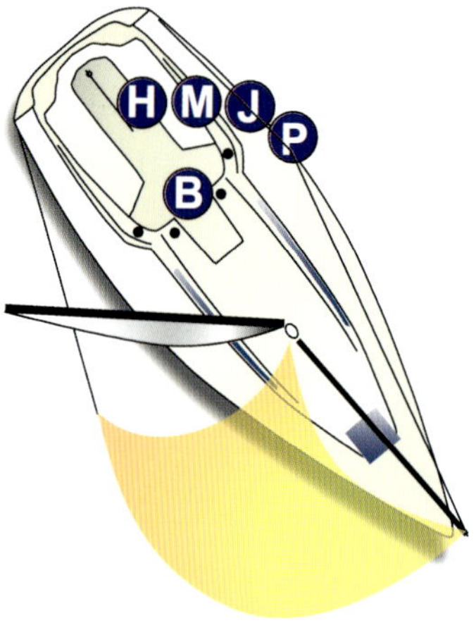

中風域までのリーチングでは風上舷に乗ってヒールを押さえる

乗艇位置に注意

乗艇位置に注意して、船を適切なトリムに保つことも重要だ。

中風下、ヘルムスマン高木は立ってティラーをしっかりと持ち、ヘルムに集中。メイン本田はセールトリム以外にも、他艇との位置関係から、タクティクスを頭の中で構築する。

ヘッドセール小林はスピンのよく見える位置に立ってスピンをトリム。6人乗りの場合はピット平野はアフターガイのトリムに入り、第6の男マストマンがフォアガイを担当。バウマン伊藝が後方海面のチェックあるいはスピンシートのクランクに入る。

マーク、または目的地がより風上にあれば、リーチングということになる。風は横に回り、ヒールがきつくなる。乗艇位置も風上に移動しヒールを抑えよう。

アフターガイはフォアステイぎりぎりまで出して固定。つまりフォアガイもクリートしてしまう。代わりにピットマンはブームバングを手にして、いつでもリリースできるように風上舷で待機しておく。バウマン、あるいはマストマンはスピンシートウインチのクランクにつく。

風速が上がってきたら、とにかくブローチングしないように注意する。早めにメインシートやブームバングをリリースすること。それでもダメならスピンシートを緩める。アフターガイは絶対に出さないこと。

軽いスピンで無理して走るとスピンがバーストするので注意する。

ランニングの状態で風速が上がってきたら、クルーはなるべく後ろに移動する。5人乗りであればバウマンがスピンシートウインチのクランクにつくが、6人乗りでマストマンがクランクにつくならば、バウマンもヘルムスマンの後ろまで移動することすらある。後はバシバシ波に乗せて爆走だ。タイミングを見計らってパンピングしよう。

逆に風が弱くなったら、VMGを稼ぐために上らせてスピードをつけることになるが、この場合最低限の人数を残してキャビンの中（ダウンビロウ）へ入ることもある。キールの上に乗ることで、重心を下げると共に重量を集中させ、ピッチングを減らすわけだ。ダウンビロウ班はレース展開がまったく分からず寂しい思いをしているので、デッキのクルーはたまに声をかけて戦況などを教えてあげよう。こういうのもチームワークなのだ。

風上航の章でも書いたが、セールトリムについてはさらに詳しく記載された書籍やビデオがいろいろ出ている。ここでは基本的なことだけを解説したにすぎないので、さらなるステップアップはそれらを参考にしていただきたい。

風が後ろに回っている時は、見かけの風速も弱くなるし、ヒールも少ない

同じコンディションでも風が横に回ると、見かけの風速も上がり、ヒールもきつくなる

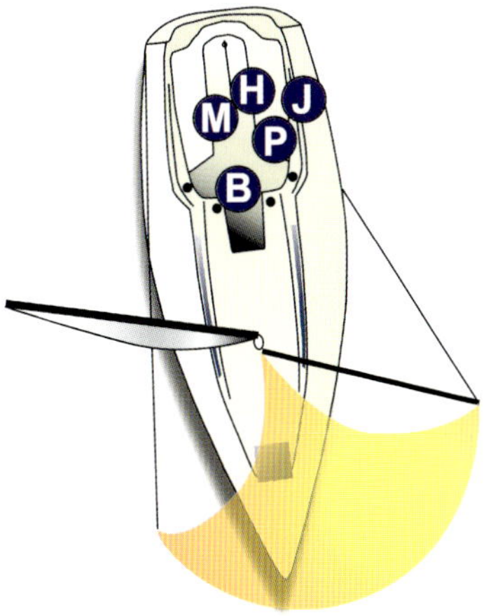

強風域でのランニングでは、なるべく後ろに乗る

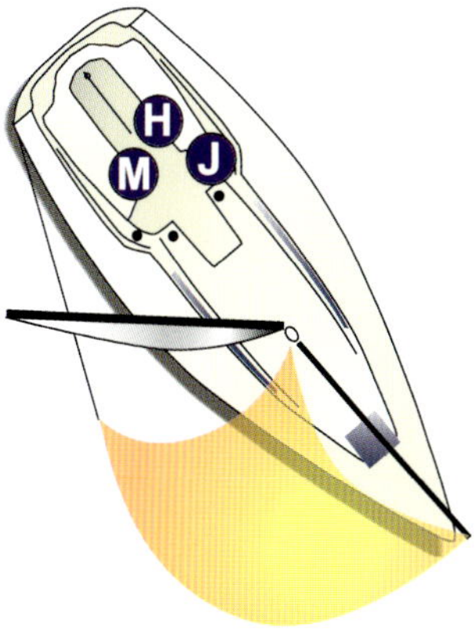

微風でのランニング～リーチングは、最低限の人数を残してダウンビロウだ

第 6 章

［ジャイビング］

THE RACING CREW WORK　CHAPTER 6

最初の壁はジャイビング

チームワークでスピンを回せ!!

スピネーカーを展開した状態でのジャイビングは、全員のミスない動きが必要とされる。しくじればスピンが潰れて艇速は落ち、悪くすればフォアステイに絡まって始末に負えない状態になってしまう。スピンのジャイビングは、クラブレーサーにとっては最初の壁と言えるかもしれない。

強風時のジャイブは確かに難しいし、微風は微風なりにまた難しい。まずは中風で波のない時を狙って練習だ。艤装とその仕組みを理解し、失敗しないコツをつかもう。後は練習によって体がついてくるように頑張ろう。慣れてきたらどんどん難しい状況下でもチャレンジだ。

とにかく練習あるのみ。古いスピンを使って、ボロボロになるまで練習してチームワークを磨きこんでいこう。

シチュエーションの違いによるジャイビングのいろいろ

一言でジャイビングといっても、さまざまなシチュエーションが考えられる。
それぞれの違いについて考えてみよう。

風速、コースによる違い

強風時のジャイブは難しいように感じるが、ジャイビングアングルは小さい（前章のＶＭＧ参照）。つまり船の回転もスピンの回転も小さくなるので、ジャイビングは意外と楽になる。

一方、微～軽風時はジャイビングアングルが大きくなり、必然的にスピンを大きく回転させなくてはならない（右図）。

おまけに風が弱いのでスピンも潰れやすい。スピンが潰れて艇速が落ちると再び加速するのにも時間がかかる。つまり、微風時のジャイブはなかなか難しいのだ。

さらに、強風下でのリーチングからリーチングへのジャイブ（リーチ・ツー・リーチ）はもっと難しくなる。ソーセージコースではこういうシチュエーションはほとんどないが、サイドマークのある三角コースでは、いやでもリーチ・ツー・リーチのジャイブを強風下で行わなければならない。

チームワークを磨き、どんな状況にも対応できるように練習することが大切だ。

艤装による違い

スピンの艤装によってもジャイブのスタイルは異なる。ここではモデル艇で採用されている『シングルシート／エンド・ツー・エンド方式』のジャイブを中心に解説していこう。これは小～中型クラブレーサーでは最も ポピュラーであり、基本的な艤装だ。

船が大きくなると、艤装も変わってくる。そうしたビッグボートの艤装については、56ページでまとめて簡単に紹介しておこう。

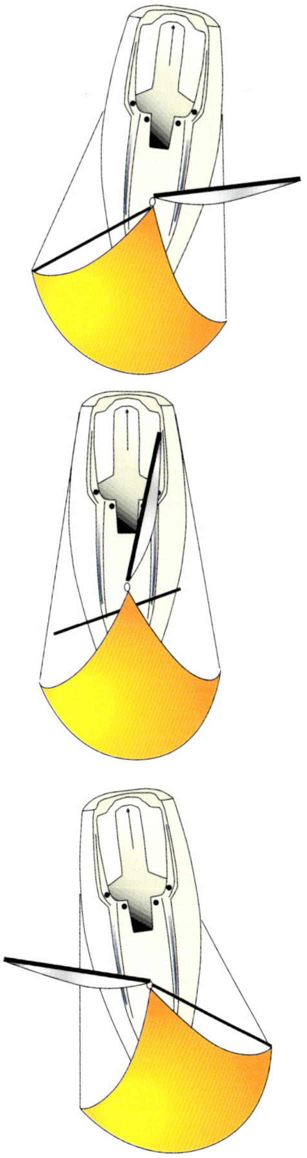

モデル艇であるヤマハ30Sの場合、真風速16kt時のジャイビングアングルは約15度。船の回転は小さい

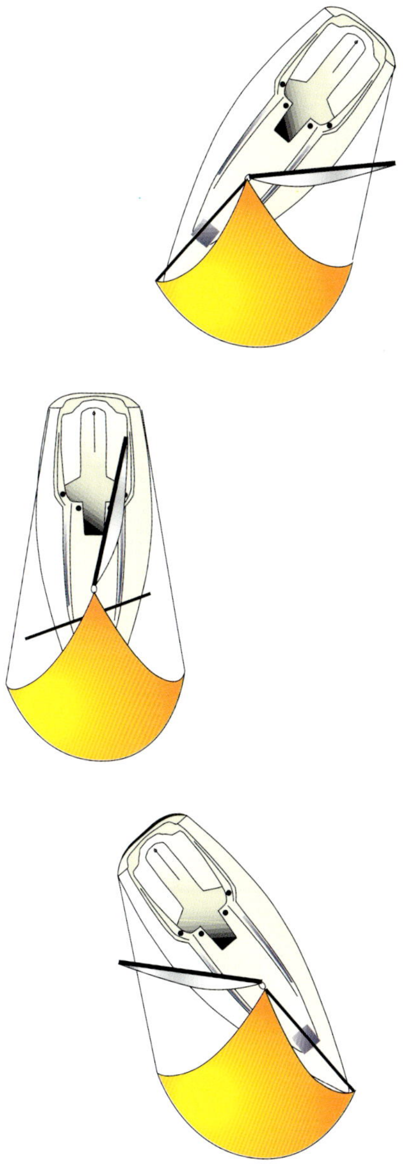

同じくヤマハ30Sの場合、真風速6ktではジャイビングアングルが約80度となり、船の回転量はずっと大きくなる

シングルシート／エンド・ツー・エンド方式

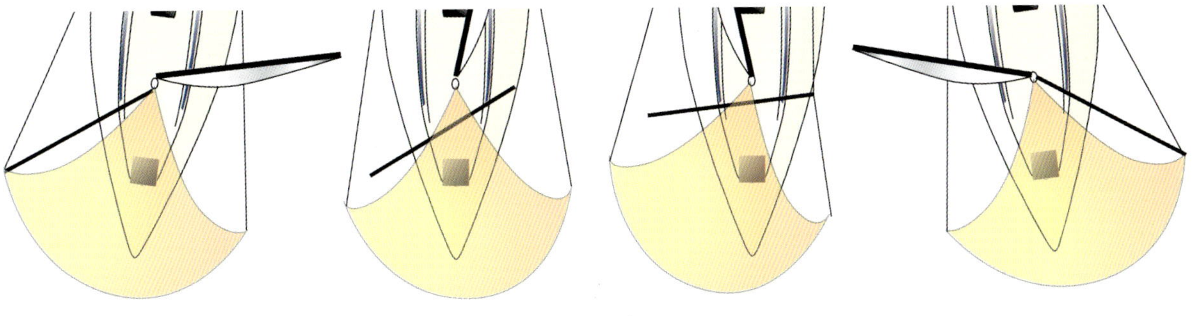

❶まずスピンポールのマスト側（エンド）を外す

❷スピネーカー側（ティップ）も外し、スピンポールを振る

❸マストに付いていたエンドをスピンシートに付け、エンドとティップが入れ替わる（ティップ側もエンド側も同じ構造になっている）

❹ポールを押し出し、エンド側をマストにセットする

ジャイビングの実際

ジャイビングの実際を見てみよう。イラストは、軽風域、比較的角度のあるジャイブの例だ。強風下ではジャイビングアングルが狭くなるので、アクションはこれよりも小さくなるぞ。

3 ヘルムスマン高木からの「トリップ」のコールでバウマンがスピンポールを外す。ここではバウマン伊藝はポールのエンドとティップ両側を一度に外している。新しくガイになる側（この例では左舷側）のタックがフォアステイに当たるくらいまでスピンが回っている。コレが重要。ピット平野はスピンポールが操作しやすい高さになるよう、トッピングリフトを15cmほど緩めている

4 スピンポールが外れたら、新たにスピンシートになる側（ここでは右舷側）のツイーカーを出す。写真ではトリマー小林が右手で操作している。両手でシートを持っているので、結構忙しい。この作業はピットマンが手伝ってもいい。メイン本田は、隠れて見にくいが、すでにメインを返し始めている

5 メインが返った瞬間。すでにシート側（右舷側）のツイーカーは出ている。ここで、メイン本田はすぐにアフターガイに入る。バウマン伊藝は左舷側のアフターガイをすでにポールにセットしている。マストの陰に入って見にくいので、この動作は次のページで詳しく解説しよう

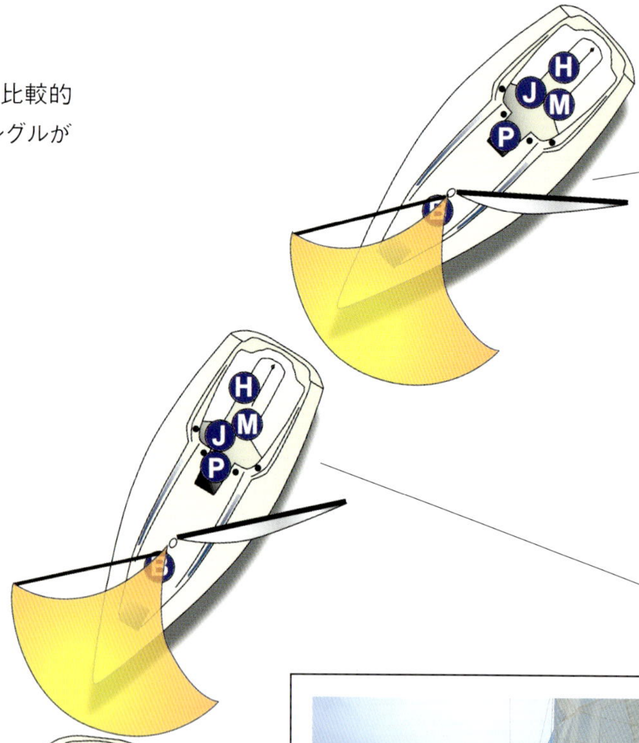

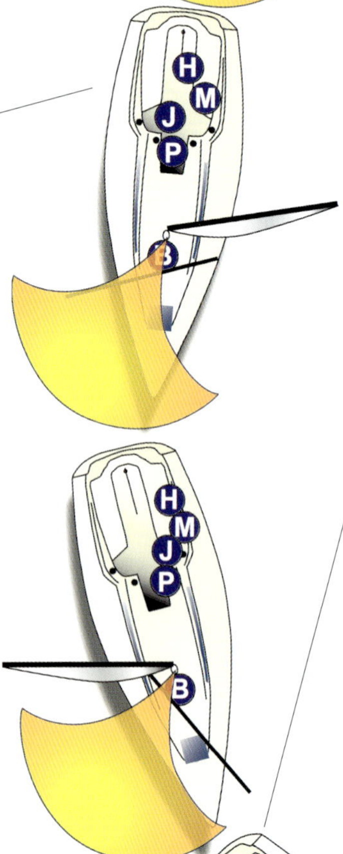

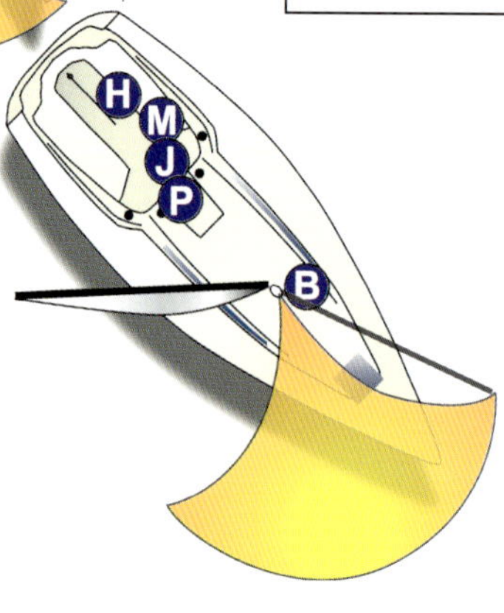

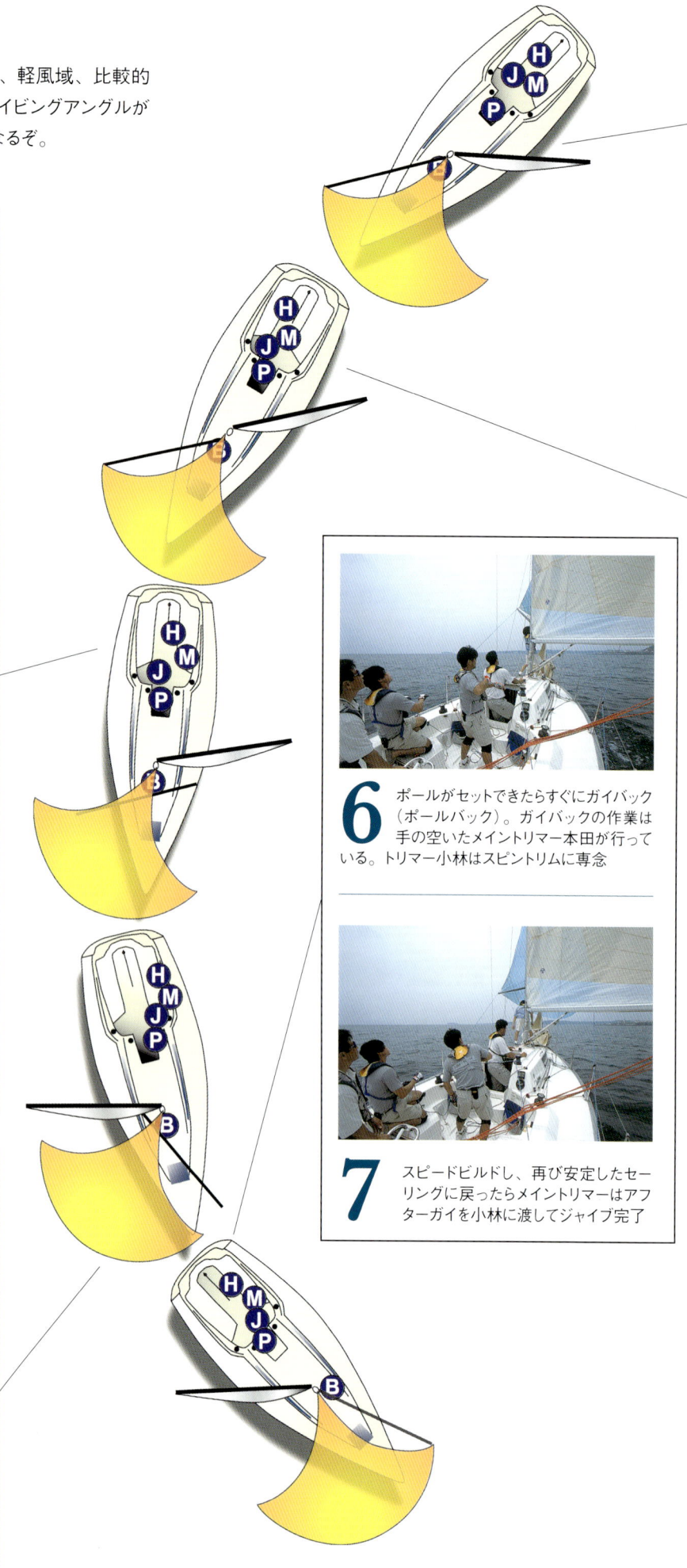

6 ポールがセットできたらすぐにガイバック（ポールバック）。ガイバックの作業は手の空いたメイントリマー本田が行っている。トリマー小林はスピントリムに専念

7 スピードビルドし、再び安定したセーリングに戻ったらメイントリマーはアフターガイを小林に渡してジャイブ完了

1 「ジャイブ・レディー」のコールで全員配置につく。バウマン伊藝は左舷側のジブシートを肩に掛け、マスト直前でスタンバイ（詳しくは次のページで）。ピット平野はトッピングリフトに。スピントリマー小林はシートとアフターガイ両方を操作。メイン本田はメインセールを返す準備をしている

2 クルーの用意ができたら「バウ・ダウン」のコールと共に、ヘルムスマン高木は舵を切り、ベアしていく。ここで船の回転に合わせてうまくスピンを回していくのがポイント。具体的に言えば、スピンシートを出し、アフターガイを引いてポールバックしていく。もちろんフォアガイを緩めないとポールバックはできない

ここで紹介しているのは5人乗りでのアクション。スピントリマー小林は1人でシートを出しながらガイを引くという操作を行っているが、船のサイズや風速によってはこれを１人でこなすのが難しくなる。6人乗りならピットマンがガイにつけば、この部分はより楽にこなせるはずだ。

本書で取り上げているアクションは１つの例にすぎない。試行錯誤でチームに合ったポジションと役割を構築していこう。

自分の持ち場をこなすということは、他のポジションをアシストするということでもある。他のクルーが何をしようとしているのか？　そのためには自分は何をしたらいいのか？　アクション後に全員で話し合い、どこを変えればよりスムースにアクションをこなせるか、アイデアを出し合おう。

基本的なジャイビングアクションができるようになったら、軽風下では体重移動で船をロールさせる「ロールジャイブ」も練習していこう。雰囲気はロールタックの項を参照していただきたい。

それらが完璧にこなせるようになれば、強風下のジャイビングはわりと簡単だ。船の回転もスピンの回転も少なくなるから。

中風～軽風のジャイビングをまずは徹底的に練習だ。

ヘルムス高木のアドバイス

船はゆっくり回すように心がけます。

メインセールが返った瞬間、ボートは風上に切り上がろうとするので、軽く当て舵を入れて抑えます。

ジャイブ後はやや上らせて、スピードが回復してからVMGを稼げる角度まで落として行きます。

強風下では、ボートの回転はより少なくなります。スピンを回す作業は楽になりますが、その分、メインセールを返すのが難しくなります。スピードに乗って見掛けの風速が落ちた時がチャンスです。

ヘッドセール小林のアドバイス

スピンには常に最大のパワーを与え、大きく前方にフライさせながら丁寧に回すことを心がけています。

その時の風速によって、ジャイビングアングルが大きく異なるので、スピンを回す量も当然変わってきます。ポールに対して風軸が直角になるようにスピンを回していけば、船のヘディングが変わっても、風向に対してのスピンのアングルは変わることなく綺麗にフライすることができます。

あと、重要な点はツイーカーの調節です。軽風ではトリップの直前に、風上側になる方をオンにすると同時に、風下側になる方を完全に飛ばしてあげないと、ジャイブ後、リーチが閉じて風が溜まってしまいます。また、強風の時はツイーカーをオンすることによって、スピンがフライングしすぎることを防ぎ安定させてジャイブができます。

ジャイブ後は、トリマーがプレッシャーの状態をヘルムスマンにコールすることによって、立ち上がりのスピードは大きく変化します。

バウマン伊藝の動きをアップでチェック

1 ポールを外した直後。左肩でジブシートを担いでるところがミソ。「ジャイブ・レディー」のコールと共に用意しておくのはいうまでもない。この時点で、フォアガイかトッピングリフトを緩めてやらないとポールは外れない。どちらを緩めるかは、バウマンの作業しやすい高さにポールがあるか、による。ポールが高い位置にあればトッパーを緩め、高くなければフォアガイを緩めてやる

1' ポールを外す時の手元はこう。左手でポールそのものをガッチリつかみ、右手でトリップコードを引いている。トリップコードはこちら側を引けば、エンド部とティップ部両方のパロットビークが開く。ティップ側をアフターガイから外すには、パロットビークを開いてポールをひねるようにすると良い

2 肩に担いだジブシートをポールに乗せる。スピンをドロップした後、すぐにタッキングできるようにするには、ジブシートがトッピングリフトの前になければならないからだ。特に下マークが近くなってからのジャイブでは重要

3 スピンがきちんと回っていれば、目の前にスピンシートが来ているはず。これが新しいアフターガイになる。右手はトリップコードをつかんだままでパロットビークの口は開いている。左手でガイをつかみパロットビークにはめる。ちょうどここでメインが返っている

バウマン伊藝のアドバイス

ジャイビングでのバウマンは、スピンポールを返すことだけを考えてしまうことが多いのですが、ここで重要なのは“スピンポール”ではなく“スピネーカー”です。スピネーカーがうまく回ること——逆にいえば、船が回っているわけだから、風に対してスピンは動かないということ——を考えて作業することです。

具体的には、ポールトリップのタイミングも自分でスピンをよく見て判断すること。ここでトリマーとのタイミングが合っていないとスピンが潰れ、さらにスピンが回りにくくなってしまいます。

ポールを突き出すタイミングもトリマーとの連携が重要です。力まかせに頑張ってもダメなものはダメ。トリマーと声を掛け合って呼吸を合わせればすんなりと決まります。

すべてのアクションでいえることですが、クルーは指示されてから動くのでは遅すぎです。ジャイビングも「そろそろ来るな」と自分で考えていれば、慌てず準備ができるはず。バウマンといえども常に戦況を頭に入れていなくてはならないのです。

4 新しいガイをパロットビークにはめたら、ポールを前へ押し出すようにして振る。横に押し出そうとすると、重くてうまくいかない。ポールを大きく振り回すようにして回転させ、前へ押し出す

5 腰をマストに押しつけるようにして体のバランスをとる。写真ではジブシートがちゃんとスピンポールの上に乗っているのが分かる

6 エンド側をマストに取り付ける準備。これまでスピンポールに乗っていた反対舷のジブシートを落とす

7 エイヤ、とスピンポールを前に押し出しつつエンドをマストのアイに止めて、ジャイブ終了

スピンポールは前に押し出す

ポールをセットするところを外からみるとこんな感じ。
バウマンは腰でマストに寄りかかるようにして体を安定させている（左写真）。
スピンポールは前方に押し出すようにする（右写真）。横に張り出そうとしても重くて苦しい。
船が大きくなると、それでも腕力でスピンポールを押し出すのが難しくなる。
そこで、大型艇ではシステムが変わってくる。次ページで紹介しよう。

艤装のバリエーションによるジャイビング・テクニック

モデル艇のヤマハ30Sはシンプルな艤装だが、実際にはさらに複雑な手順を必要とする艇種もある。いくつかのパターンを説明しておこう。

ランニング・バックステイ付き

ヤマハ30Sは、スプレッダーがスウェプトバック（後方にスイング）し、フォアステイの加重はサイドステイで後ろ方向にも支える構造になっている。しかし、ランニング・バックステイ（通称：ランナー）によってフォアステイのテンションを支えるタイプのレースボートも多い。この場合、ランナーのテンションを調節することによって、フォアステイのテンションやマストのベンドをコントロールすることができるので、細かなセールトリムがしやすくなる。

ところが、タッキングやジャイビングの度に左右のランナーを入れ替えなくてはならないので、デッキワークは煩雑になる。タッキングの際はメインシートによってあるていどマストが支えられているが、ジャイビング時には細いパーマネント・バックステイが１本あるだけで、マストはほぼフリーの状態になってしまう。

つまり、ここでランナーを引くのが遅れたり、あるいは風上側にあったランナーを緩めるのが遅れたりすると、マストを曲げてしまったり折れてしまったりというトラブルにつながることがある。

ランナー付きの艇では、さらに練習が必要になるということだ。

ダブルシート

船が大きくなると、各ロープにかかるロードも大きくなる。そうなると、モデル艇のようにスピンシートに直接スピンポールを付けてアフターガイとし、ポールで押し出そうとしても重くてどうにもならなくなってしまう。

そこで、左右両舷にそれぞれ２本ずつシートとガイを付けた“ダブルシート・システム”を採用している。30ft艇でもマストヘッドスピンだと、中風〜強風時はダブルシートでないと扱いきれない。

ダブルシート・システムでは、遊んでいるシートをそれぞれ、レイジーシート、レイジーガイと呼んでいる。レイジーガイにはテンションがかかっていないので、スピンポールを付けて押し出す、という作業がずっと楽になるわけだ。

ダブルシート・システムでも、微風になったらガイを外してスピンシートだけにすることは可能だ。

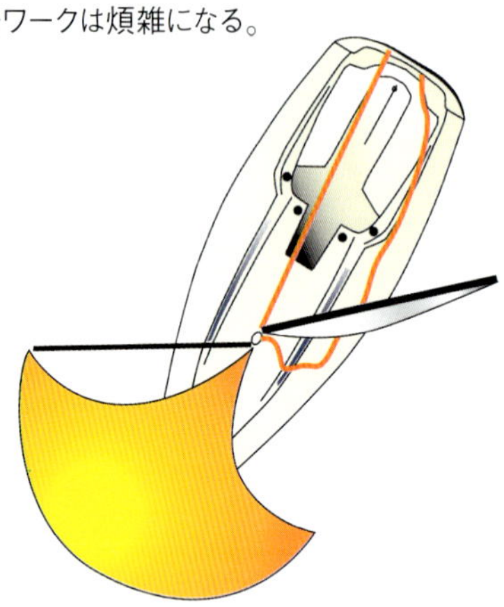

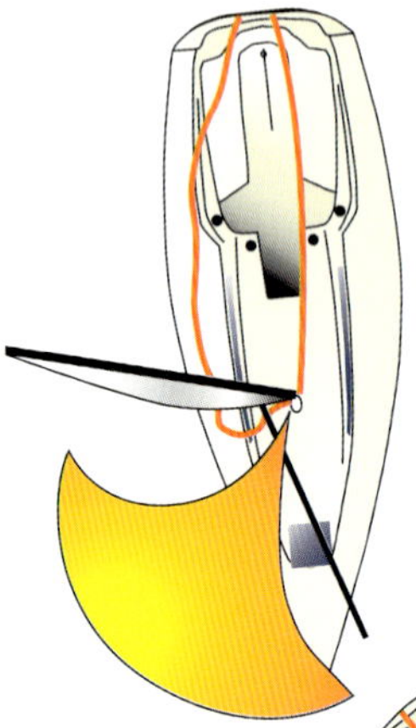

ランナー付きボートでのジャイビング

ジャイビングの度に左右のランナーを入れ替えなくてはならない

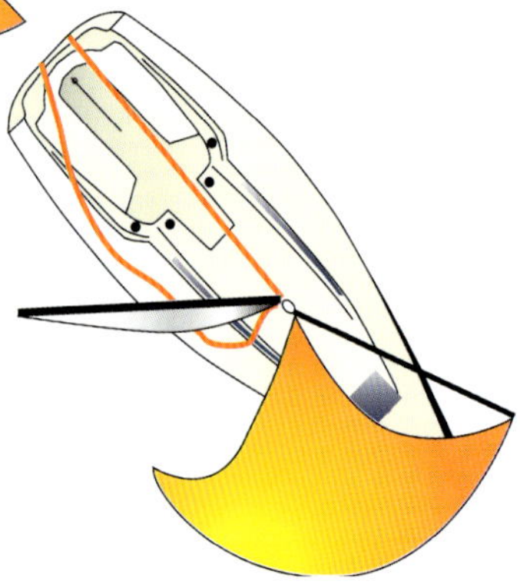

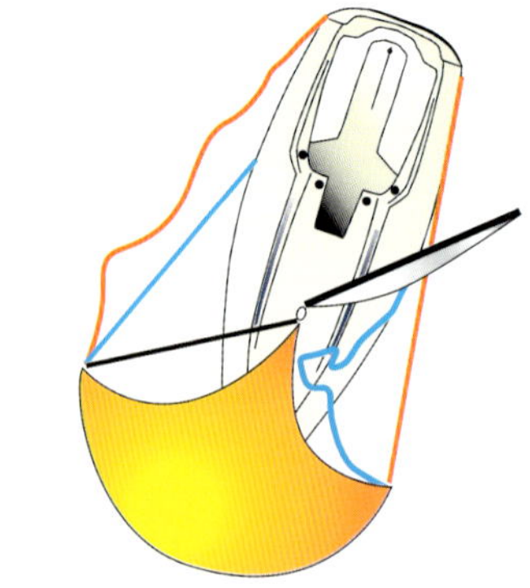

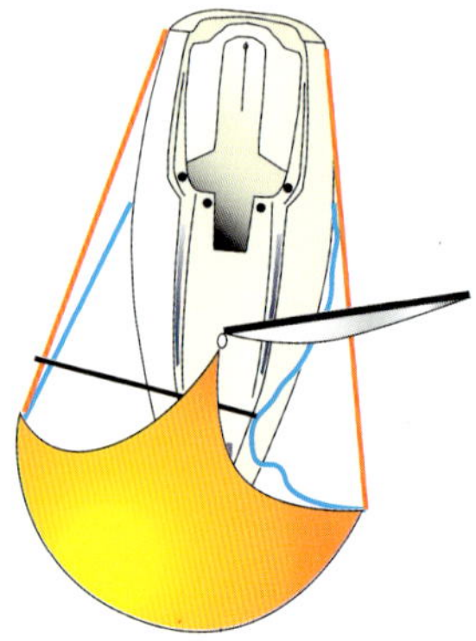

ダブルシート・システムでのジャイビング

艤装は複雑に見えるが、艇が大型になるとジャイビング、あるいはスピンの取り込みも楽になる

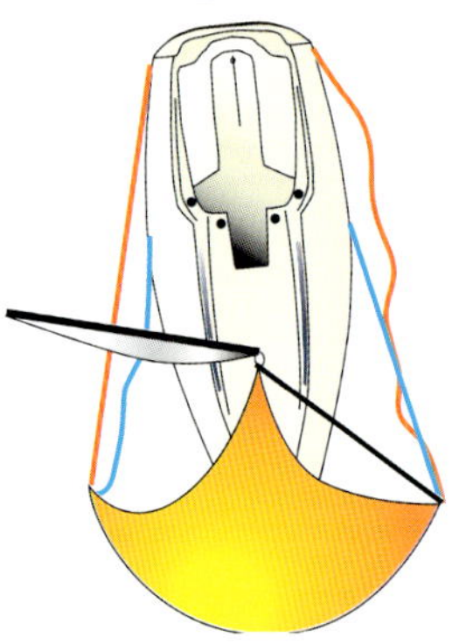

ディップポール・システム

モデル艇ではエンド・ツー・エンドシステムを用いていた。しかし、艇が大きくなるとスピンポールも長く重くなり、バウマン1人でデッキの上で振り回すのが大変になってくる。そこで、スピンポールのエンド側はマストに固定したままで、ティップ部のみを左右に振ってジャイビングするようにする。これがディップポール・システムだ。

フォアステイをかわし、レイジーガイをパロットビークにはめるためにティップ部を振り下げる（ディップする）ため、このように呼ばれる。振り下げる時にマスト側（エンド部）を上にずらさないと、ポールがフォアステイをかわせないので、ディップポールタイプの艤装では、エンド部は必ずスライダー式になっている。

トッピングリフトがジブハリヤードのイグジットのすぐ下から出ている（あるいはセンターハリヤードそのものをトッピングリフトに使う）ことによって、ジブシートはトッピングリフトの後ろ（なおかつスピンポールの上）を通っていれば、トッピングリフトを緩めただけでジブは返る。

欠点はバウマンがバウ先端まで行かなくてはならないこと。小型艇では特にこのデメリットが大きいので、マスト直前で作業ができるエンド・ツー・エンド方式が採用されている、中間リグなら40ft以上、マストヘッドリグなら35ft以上になるとディップポールが主流だ。

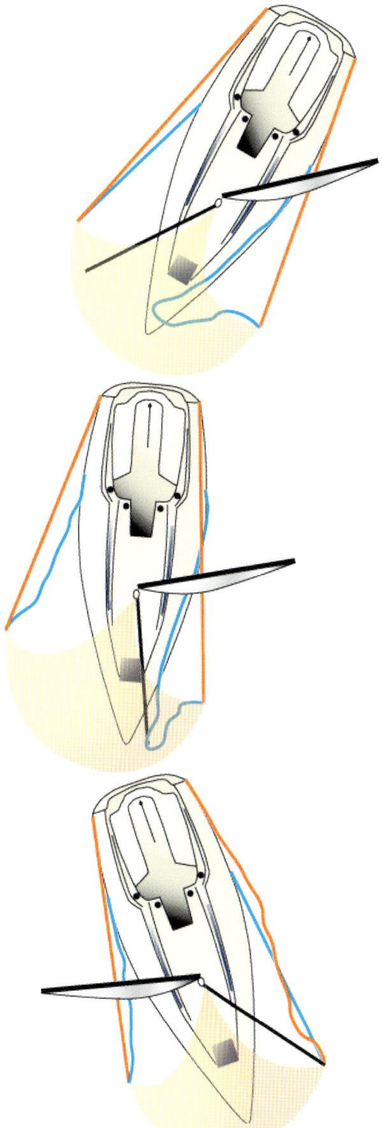

メインセールを返す

メイントリマーは、船が風位を越えたらメインセールを返す。モデル艇の30ftクラスなら、軽風下ではメインシートのテークル部を全部まとめてつかみ、反対舷に返せばいい。

風速が上がってきたら、シートエンドを引き込みそのままメインセールが返ったらすぐさまシートを出していく。

単純な作業ではあるが、強風下ではなかなか難しくなる。ブームパンチで怪我をしたり、ブームバングやグースネック部を破損したりといったトラブルも多くなるので注意しよう。

コツとしては、風が弱まってメインセールに受ける風圧が少なくなった時。あるいは、波に乗ってスピードが出ている時にも見掛けの風速は弱くなるので、メインセールにかかる風圧が少なくなる。こういう時がジャイビングの狙い目だ。タイミングを合わせてスムースかつトラブルのないジャイビングを心がけよう。

メインセールを返すタイミング

▼ 軽風時なら、メインシートは束にして持ち、引き込んでいく

▼ スピードに乗ったところで一気にメインを返す

▼ ブームが返った。この程度の風なら、この動作で簡単にメインセールは返る

▼ メインが返ったら、メイントリマーはアフターガイにつく

落ち着いたところでスピントリマーにアフターガイを渡す

第7章

［下マーク回航］

THE RACING CREW WORK　CHAPTER 7

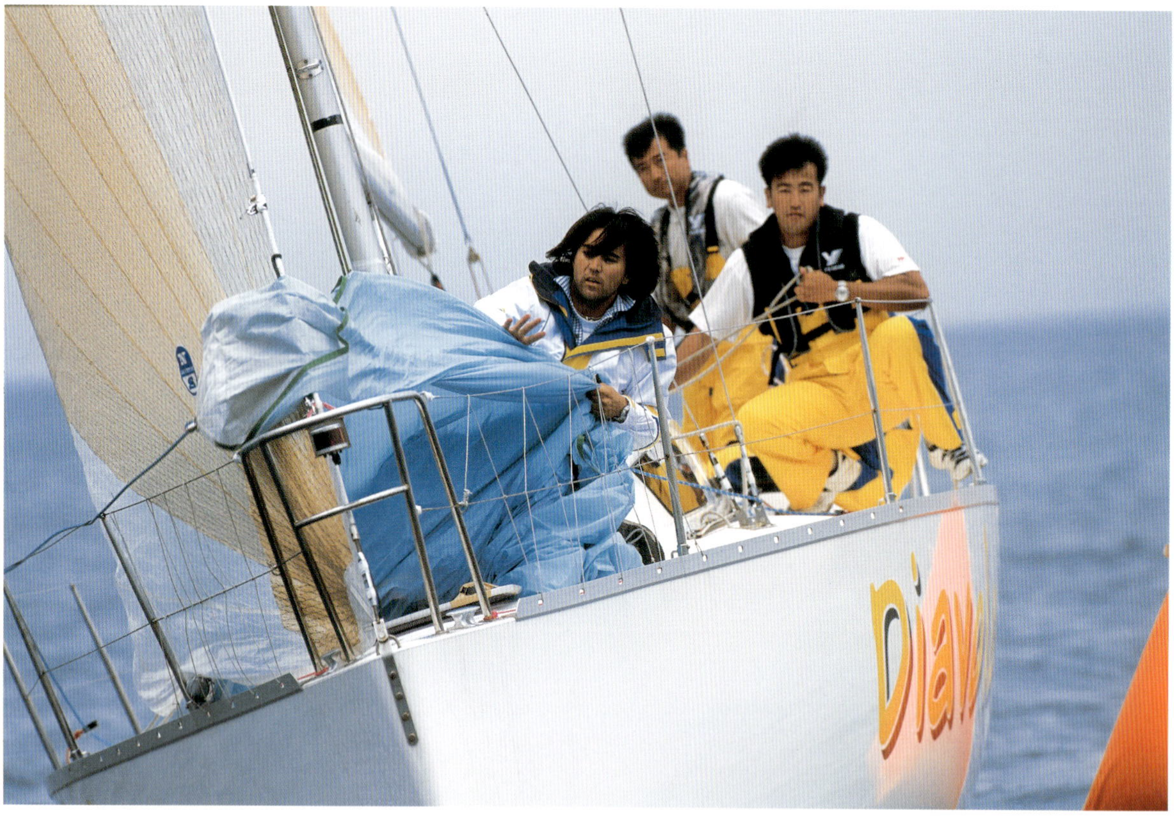

下マーク回航はクルーワークの檜舞台
スピンダウン!!

いよいよ下マークが近づいてきた。パンパンに風をはらんだ巨大なスピネーカーを降ろし、マークを回って風上航へはいる。

ここでの失敗は風上マークでのそれよりも大きなロスとなる。回収し損ねたスピンがボートの下に入ってしまうといったミスになると、レースの続行すら不可能になったりもするのだ。ここでのミスで4〜5艇に抜かれてしまうこともあれば、逆に4〜5艇を抜き去って前に出ることも可能だ。

下マーク回航はレース後半の大きな山場、デッキワークを行うクルーにとっては檜舞台ともいえる。

混戦を抜け出していいポジションで次のクローズホールドのレグに突入するためには、クルーワークの冴えが必要とされる。

上マーク回航に比べ、下マークではバリエーションも多い。ここでは、ポートタックでのアプローチとスターボードタックでのアプローチの2つに大きく分けて考えていこう。

下マークへのアプローチ

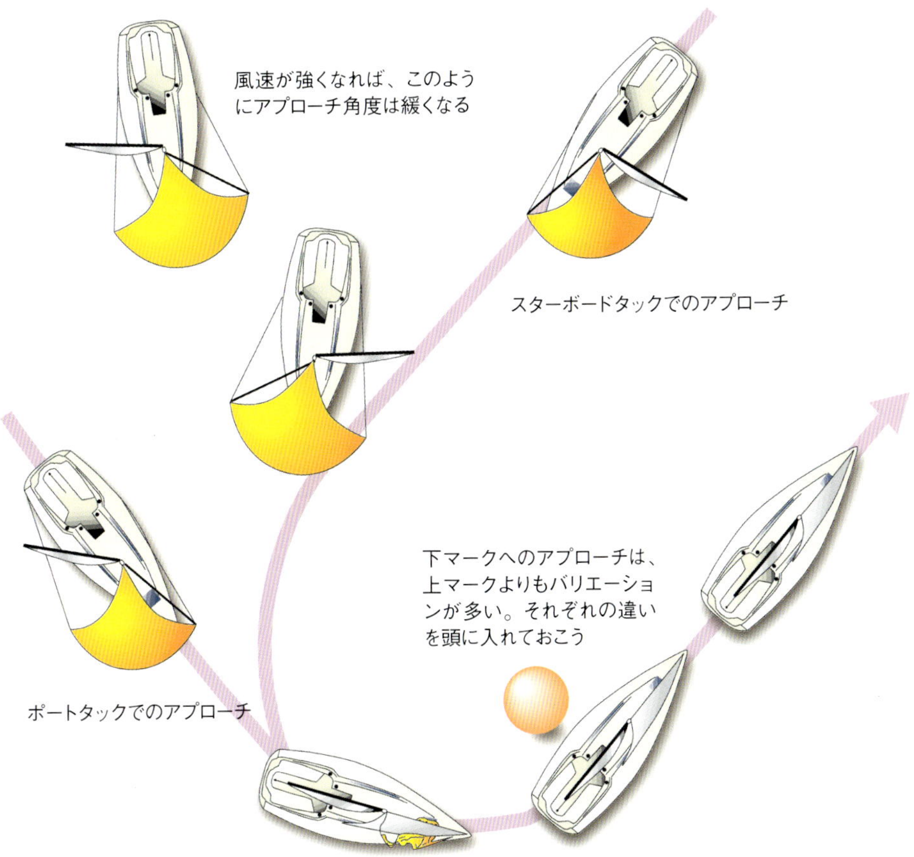
風速が強くなれば、このようにアプローチ角度は緩くなる
スターボードタックでのアプローチ
下マークへのアプローチは、上マークよりもバリエーションが多い。それぞれの違いを頭に入れておこう
ポートタックでのアプローチ

下マークを直接狙うとコースが膨らんでしまうぞ!!

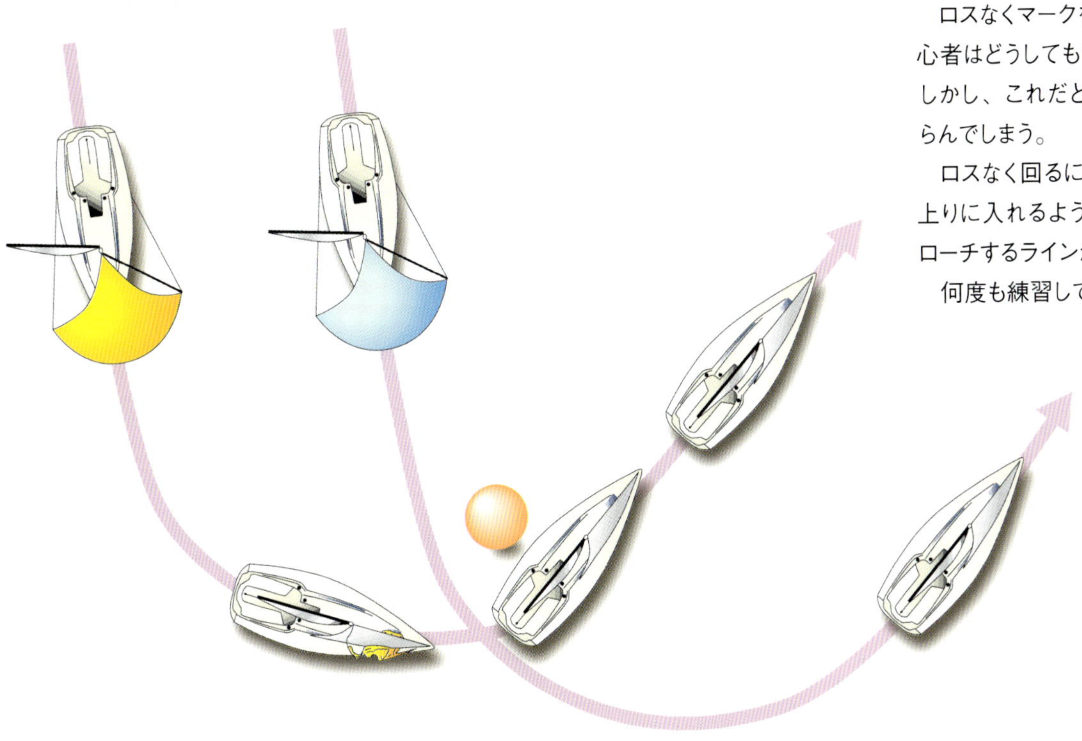

スターボアプローチとポートアプローチ

上マーク回航の章でも触れたが、下マークへのアプローチにもレイラインが存在する。クローズホールドの時よりも風速の違いによるジャイビングアングルの変化が大きいので、レイラインを読むのもより難しくなるといえる。

スターボードタックのレイラインに乗ってアプローチするケースでは、ミートする他艇に対してはルール上有利であるともいえるが、回航直前にジャイブをしなくてはならないのでアクションとしてはより難しくなる。楽なアクションでスムースに回るにはポートタックでアプローチした方がいい。練習も最初はポートタックでのアプローチスタイルから始めよう。

まずはセールを破かないようにスピンを取り込むこと。次に、なるべく早く次のクローズホールドの走りに移行できるように。つまり、なるべく早くハイクアウトに付けるように努力しよう。その上で、なるべく最後までスピンを揚げ続けていられるように。……と、段階的に練習していこう。

アプローチラインに気を付けろ！

ロスなくマークを回ろうとすると、初心者はどうしてもマークを狙いがちだ。しかし、これだとかえってコースが膨らんでしまう。

ロスなく回るには、マークの真横で上りに入れるよう、やや遠くからアプローチするラインが正しい。

何度も練習して勘を養おう。

ポートアプローチ　その1
風下降ろし――コンベンショナル・ドロップ

もっとも標準的なポートタックでのアプローチから、
風下側にスピンを回収する方法を見てみよう。

1 アプローチ。ジブを揚げ始めるタイミングは風速(＝艇速)によって異なる。何度か経験を積むうちに、距離感とスピード感がつかめてくるはずだ。このタイミングはバウマンが自分で把握できるようにしよう

2 ジブは揚がりきった。画面左に下マークが見えるが、マークへのアプローチはこんな感じ。直接マークを狙っていないところがミソ。この写真はまさにスピンドロップの瞬間だ

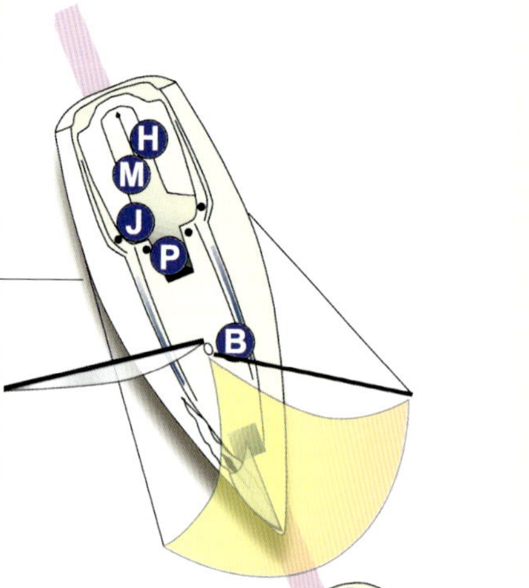
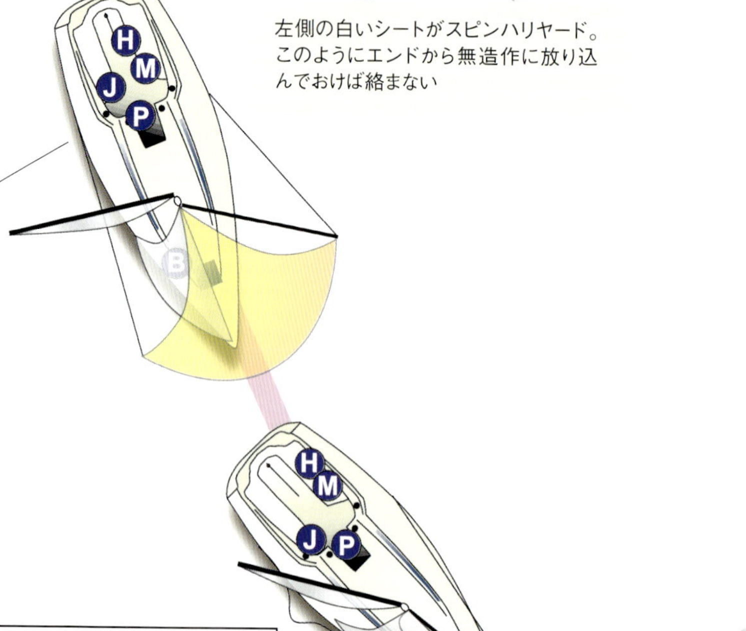
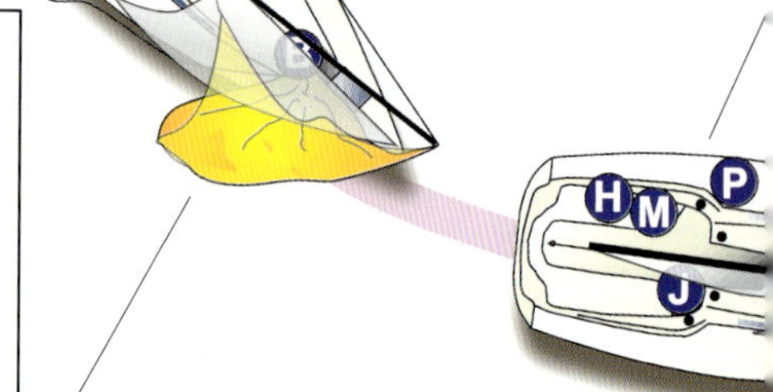

ジブハリヤード

余裕があるなら、ここではジブハリヤードはとりあえず一番上まで揚げて止めておく。

スピンを取り込んだ後、マークを回りながらジブハリヤードを風速に合わせたポジションまでウインチで引けばよい。マーク回航時にそこまでの余裕がなさそうなら、この時点で必要なポジションまで引いてしまってもいい。

常に、「今、何が重要か?」というプライオリティーを考えて作業をしよう。

3 ヘルムスマンからの「ポール・フォワード」のコールで、トリマーはアフターガイをフォアステイまで出す。直後にピットマンがスピンハリヤードをカット。バウマンはジブシートの下からスピンシートを取り、ジブの下からスピンを取り込む

ハリヤードのフレーク

スピン取り込みの際にスピンハリヤードが途中で絡んでしまうと、もうアウトだ。下マークアプローチ前にきちんとフレーク(さばく)しておこう。小型艇ならエンドからバラバラとキャビン内に放り込んでいけばいい。大型艇の場合はエンドから8の字コイルしていくのがいちばん確実。解装時のように丸いコイルにすると、ハリヤードが出ていくときに下のコイルを引っかけ、もつれてしまうことがあるので注意する。

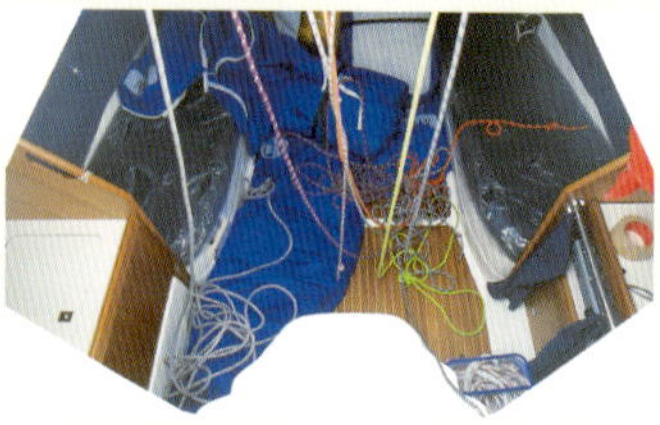

左側の白いシートがスピンハリヤード。このようにエンドから無造作に放り込んでおけば絡まない

バウマン伊藝のアドバイス

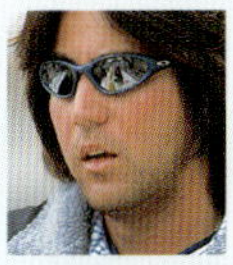

スピンの回収は、最初はフット側を何回かたぐってからリーチ側(この場合は青テープ)をたぐっていきます。

最後にアフターガイを全部緩めてもらいますが、この時スピンポールのジョーの部分でシートが鋭角になっているため、かなり抵抗がある場合もあります。これはシートトリマーの責任ではないので、バウマンがケアしないといけません。

コンベンショナル・ドロップの問題点

最も標準的なコンベンショナル・ドロップは、大型艇の『ディップポール・システム』(前章参照)では有効だ。ディップポール・システムでは、スピンポールを収納する際、トッピングリフトを緩めてポールエンドのスライダーをマストの根元まで下げるだけでタック可能になるからだ。

ところが、モデル艇のように30ftクラスの『エンド・ツー・エンド・システム』の場合、マークを回航した後で、風下側となるスターボード側のデッキにポールを置きにいかなくてはならない。なるべく早くハイクアウトしたい時に、これは大きなロスとなる。

おまけにスピンはスターボード側に降りているので、次の風上マークがベアウエイセット(第4章『風上航』参照)になるならギアラウンドしなくてはならなくなってしまう。

そんなデメリットがあるため、このサイズのフネでは、風上側にドロップする方法がよく使われる。次のページで詳しく説明しよう。

4 一気にスピンを取り込み、バウハッチに押し込む。この時点で、マークの位置はこのあたり。すでにバウアップが始まっている。それに合わせてメイントリマー本田は懸命にメインシートを引く。ピットマン平野はジブシートを引きながら、風上舷でハイクアウト。ジブトリマー小林は当然ジブのトリムについている

アウトホール、カニンガム

下マークを回りきる前に、タイミングを見計らって緩めてあったメインセールのアウトホールを引いておく。船が大きくなると、上りに入ってからでは引くのが大変になる。このときメイン・カニンガムも引いておこう。

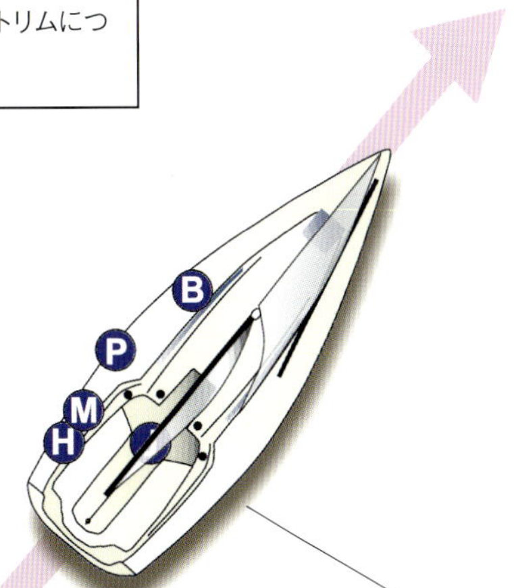

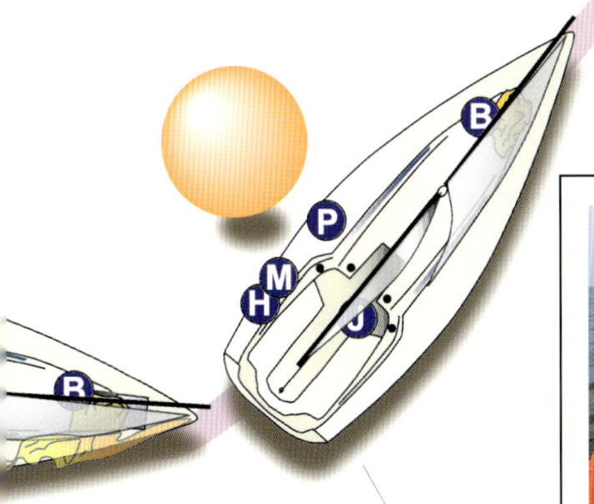

7 外したポールはスターボード側に置く。最後のジャイブの時に、風上側のジブシートをポールの上に載せてある(54ページ参照)ので、そのまま緩めたトッピングリフトを後ろに引き下げてくれれば、タック・クリアになる。スピンポールの収納については、71ページでじっくりと解説したい。ポールをきちんと収納し、いつでもタッキングができる準備が整った時点で、バウマンは必ず「タック・クリア」と後方に伝えよう

5 セールを引き込んでクローズホールドに入る。マークとの間隔は約20センチ。ここではまだスピンポールはセットされたまま。『ポートアプローチ・下降し』のパターンではポールダウンは特に急ぐ必要はない。しっかりとクローズホールドを走ろう

6 ここで初めてポールのカットに入っている。状況によって、たとえばすぐ横の船と高さで競り合っているような時は、まずハイクアウトしてフルスピードで走ることに専念。あるいは、すぐにタックしなくてはならないような状況なら直ちにポールのカットに入る。いずれにしても周りの状況をよく見て判断しよう

ポートアプローチ　その2 風上降ろし

こちらは同じポートタックアプローチでも風上側にスピンをドロップする方法。小型艇ではこちらが基本形と考えてもよい。

1 下マークへのアプローチ。ここまでは風下降ろしと一緒。スピンハリヤードのフレーク、アウトホールなど、準備はいいか？

2 上降ろしの場合は、最初にスピンポールを外す。ピットマン平野はトッピングリフトに付き、バウマン伊藝がポールをカット

3 前ページの下降ろしでは、クローズホールドに入ってからスピンポールの処理をしていたが、上降ろしの場合はフリーの間に（つまりヒールを潰す必要がない時に）この作業ができるのがメリット。この時、フォアガイも緩めないとポールを後ろに戻せないことがあるので注意すること

4 ポールを外したら直ちにマンポール（スピンに風がはらみやすくなるように、手でガイを支える）。マストマンがいればマストマンが行ってもいいが、ここではバウマン伊藝が担当している

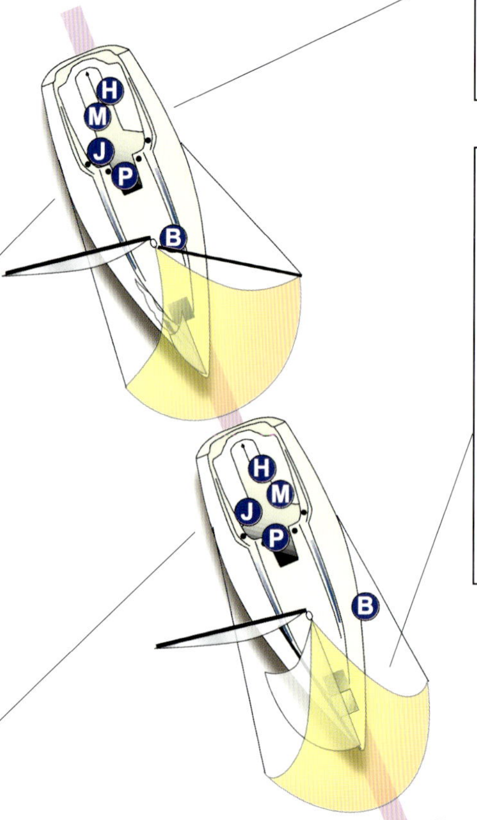

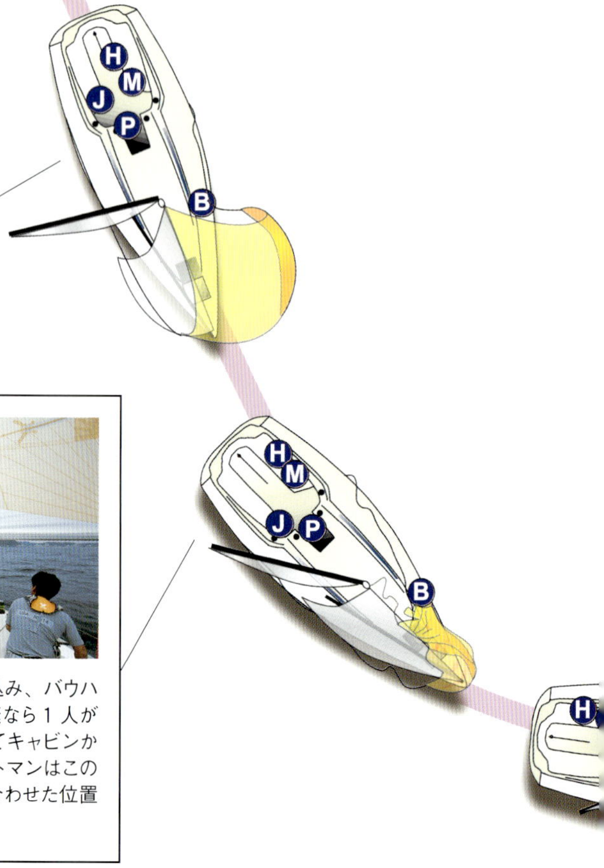

5 マークが近づいてきた。タイミングを見てスピンの取り込みに入る。スピンシートをフォアステイまで出してスピンを風上側に回し込み、同時にスピンハリヤードをカット。ここではバウマン伊藝が1人で取り込みに入っている

6 一気にスピンを取り込み、バウハッチへ収納。大型艇なら1人がバウキャビンに入ってキャビンからもスピンを引き込む。ピットマンはこの後、ジブハリヤードを風速に合わせた位置まで引き込む作業に入る

ヘルムス高木のアドバイス

ポールを外すときは、船をデッドランにすると楽に外れます。

バウでの作業がうまくいかない時は、ヘルムでフォローする気持ちを忘れずに。

バウマン伊藝のアドバイス

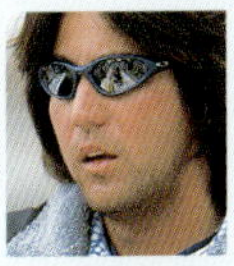

スピンの取り込みは風向に合わせて。つまり自分の風下側にスピンが来るように体勢を持っていくのがコツです(64ページ写真参照)。

風上側のジブシートをスピンと一緒にハッチの中に押し込んでしまわないように注意してください。

上降ろしはいろんな点で理にかなっているので、恐れず練習して身につけておくべきです。吹いている時の方がかえって楽でもあります。

トリマー小林のアドバイス

上降ろしでは、取り込み時にスピンシートを十分に出すことが重要です。

また、マンポールの役目はアフターガイをマストから遠ざけること。ガイを握りしめてしまうとトリムできなくなってしまうので注意です。手で輪を作ってシートを滑らす感じです。

7 スピンはあらかた取り込めた。この時点ですでにマークはこのあたり。バウアップしてマークを狙う

10 作業完了。スピンポールはマーク回航前に定位置に戻してあるし、スピンは左舷側に降りたので、次の上マークもベアウエイセットならこのまま揚がる。メデタシメデタシ

8 スピンの取り込みは終わり上りに入る。ジブトリマー、メイントリマーは風に合わせてセールをトリム

9 取り込んだスピンはピーク、タック、クリューの3点をバウハッチから出した状態でハッチを閉める。左右のシートは付けたまま。ハリヤードは外してマストの根元へ戻す

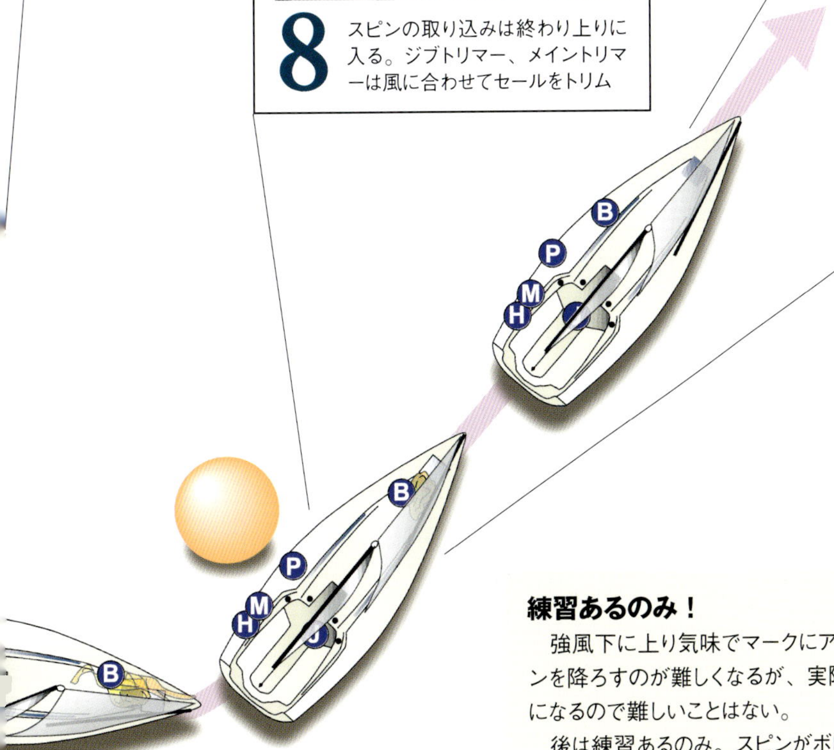

練習あるのみ！

強風下に上り気味でマークにアプローチというような変則的な状況では風上側にスピンを降ろすのが難しくなるが、実際には風速が上がるとデッドランでアプローチすることになるので難しいことはない。

後は練習あるのみ。スピンがボロボロになるまで頑張ろう。

コンパニオンウェイへのスピンダウン

上マーク回航の項でも説明したが、初心者チームにはコンパニオンウェイへのスピン取り込み、コンパニオンウェイからのスピンホイストをお勧めする。
この場合、風下側から取り込むと、引き込み始めたジブシートにスピンが巻き込まれてトラブルになることがある。よって、風上降ろしが基本。当然、風上降ろしにすることによって次の上マークでそのままベアウエイセットができる。

1 下マークへのアプローチ。先にスピンポールを外すのは普通の上降ろしと同じ。この写真はすでにスピンポールを外して所定位置に納め、バウマン伊藝がマンポールでスピンをはらませているところ

2 スピンシートを離し、スピネーカーを風上側へ回し込んでくる。当然、スピンシートは十分に出さなければならない

3 スピンを回しきったところでスピンハリヤードをカット。スピンがまだ船の前にある間にハリヤードカットしてしまうと、海に落ちたスピンが船の下に入り込んで最悪の事態になる

4 ピットマンも手を貸してコンパニオンウェイに取り込んでいく。スピンシートを持っている小林も、スピンの取り込み具合に合わせてさらにスピンシートを出していく

5 もしもこの作業を風下舷で行うと、スピンとジブシートが干渉してしまうのが分かると思う。風上から取り込めば、そういうトラブルもない

6 スピンをどんどんキャビンに放り込んでいく。ジブトリマーはすでにジブシートについて引き込みに入っている

7 これで作業完了。左舷側にシートが来ているので、次の上マークではこのままベアウエイセットができる

ヘルムス高木のアドバイス

風上マーク回航の時にも説明しましたが、初心者チームにはこのコンパニオンウェイへのスピンダウン～スピンホイストを勧めています。特にクルージング艇などでは、バウのキャビンにはバースマットがあり、ここに濡れたスピンを取り込むと後片づけも大変です。

まず最初はパターンを決めてそれを確実にこなせるように。次にいろいろなパターンを覚えて応用力を付けるように練習していきましょう。

取り込みを前から見るとこんな感じ。まずはバウマン伊藝1人でひたすら取り込む

常にスピネーカーが自分の風下側になるような体勢で取り込み作業を行っている

次の上マークでは？

スピンをコンパニオンウエイに取り込んだら、そのまま上マークへ向かう。J/24などの小型艇なら、ハリヤードも付けっぱなしでかまわない。大型艇ならハリヤードはマストの根元に戻す。

次の上マークでは、必ずベアウエイセットにすれば、スピンはそのままでOKだ。風が振れて、ジャイブセットの風になってしまっても、「ベアウエイから即ジャイブ」のパターンで対応する。

初心者チームの場合は、このように動作を単純化して、ミスが起きる確率を減らした方が結局はトラブルなくマークを回航することができる。

もちろんマーク回航のシチュエーションは様々で、それらに臨機応変に対応することが、上位を目指すポイントになる。上位を走るようになれば、バウハッチに降ろす技を身につけ次のジャイブセットを可能にする必要もあるし、またスターボードタックでの下マークアプローチを必要とするケースも増えてくるだろう。

上マーク回航編でも説明したコンパニオンウェイからのスピンホイスト例

コンパニオンウェイに取り込み、コンパニオンウェイからホイストすることから練習をはじめよう

ギア・ラウンド

ポート側にスピンを降ろした場合、次の上マークがベアウエイセット（第4章参照）ならば、スピンはそのままでＯＫだ。しかし、次の上マークがジャイブセットになった場合は、ギア（スピンシート、アフターガイ、スピンハリヤード）がスターボード側（右舷側）になくてはならない。そこで、ギアラウンドが必要になる。

スピネーカーはそのままバウハッチにステイし、左右のシートとハリヤード3点をまとめてクリップ。その状態で、右舷側までずるずる引き回す。

最もいいタイミングとしては、ポートタックからスターボードタックへのタッキングの直前に3点をクリップし、タック後に風上側（スターボード側）で引っ張る（下図）。

ここでも重要なのは、船を過度にヒールさせないということ。なるべく風上側で作業できるように考えよう。

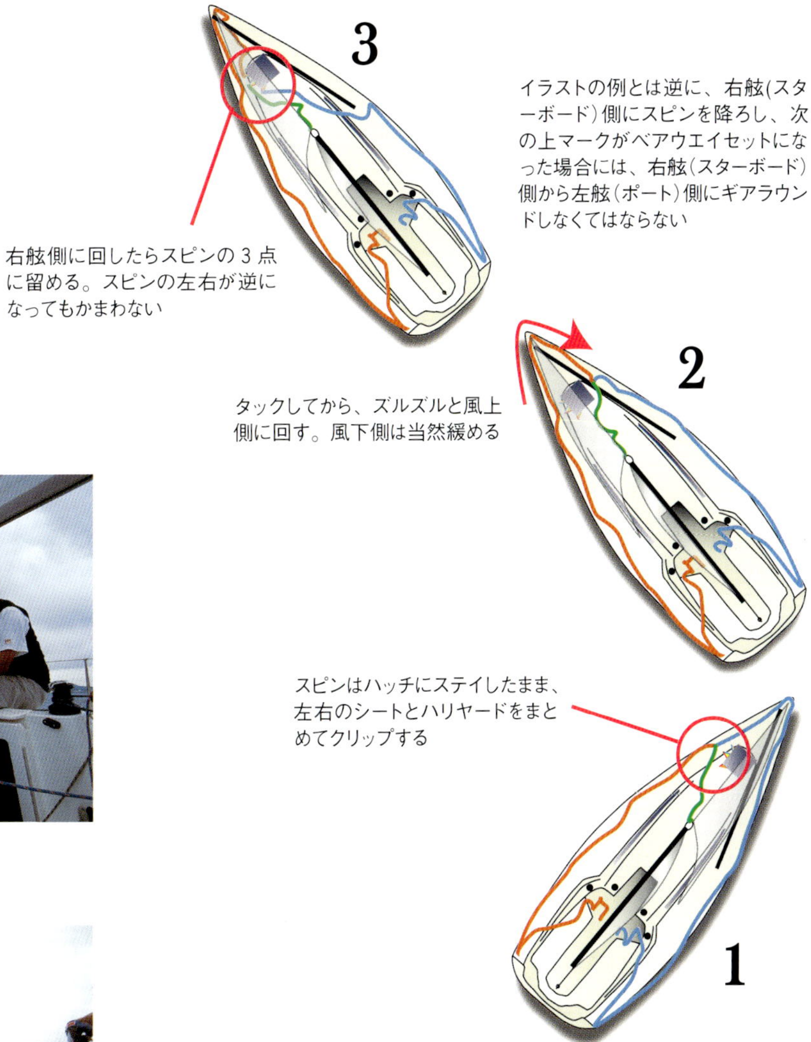
3
イラストの例とは逆に、右舷(スターボード)側にスピンを降ろし、次の上マークがベアウエイセットになった場合には、右舷（スターボード）側から左舷（ポート）側にギアラウンドしなくてはならない
右舷側に回したらスピンの3点に留める。スピンの左右が逆になってもかまわない
2
タックしてから、ズルズルと風上側に回す。風下側は当然緩める
スピンはハッチにステイしたまま、左右のシートとハリヤードをまとめてクリップする
1

ギア・ラウンドの一例

ここではポートタックでのアプローチ2種を紹介した。次はスターボードタックでの下マークアプローチについて詳しく解説していきたい。両方合わせると多くのパターンになる。まずは基本となるポートアプローチでの各アクションを練習し、次頁に備えていただきたい。

スターボードアプローチ その1
アーリーポート・ドロップ

スターボードアプローチの基本形、アーリーポート・ドロップから見てみよう

アーリーポート・ドロップでは、スピンを風下(ポート側)に回収してからジャイブして下マークにアプローチする。
スピンを降ろした後、スピンポールを降ろさないとジブが返らないためジャイブができない。
その分、早めにドロップする必要がある。そこで、アーリー(早い)ポート・ドロップと呼ばれている。
当然ながら、スピンハリヤードのフレーク、アウトホール、メインカニンガムを引いておくなどの準備は他のドロップと同じだ。

4 スピンは一気に潰れるので、バウマンは素早く取り込む。スピン上部が海に落ちそうになったらスピンハリヤードを一旦止めることもあるが、うまく取り込めればハリヤードはそのまま出しっぱなしでいい

5 スピンがあらかた降りたらトッピングリフトを緩め、スピンポールをデッキに降ろす。直前のジャイブで、ジブシートをトッピングリフトの前に通していれば、この状態でジブは返る

6 メインセールが返った。スピンポールの付け根はマストについたままなのでジブを返すには多少抵抗がある。バウマンはこれをアシスト。このままバウアップしていくのに備えて、ピットマンは右舷側のジブシートを持って風上へ移動している

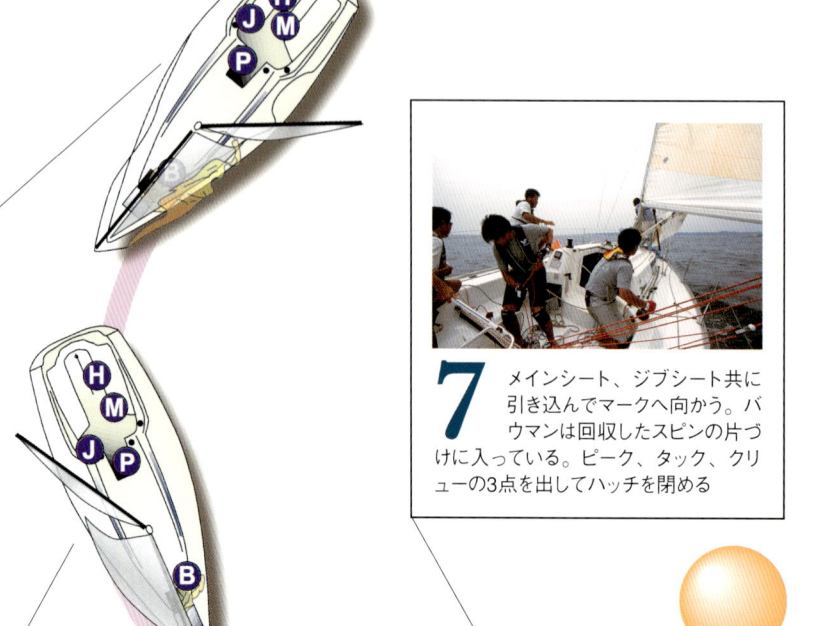

7 メインシート、ジブシート共に引き込んでマークへ向かう。バウマンは回収したスピンの片づけに入っている。ピーク、タック、クリューの3点を出してハッチを閉める

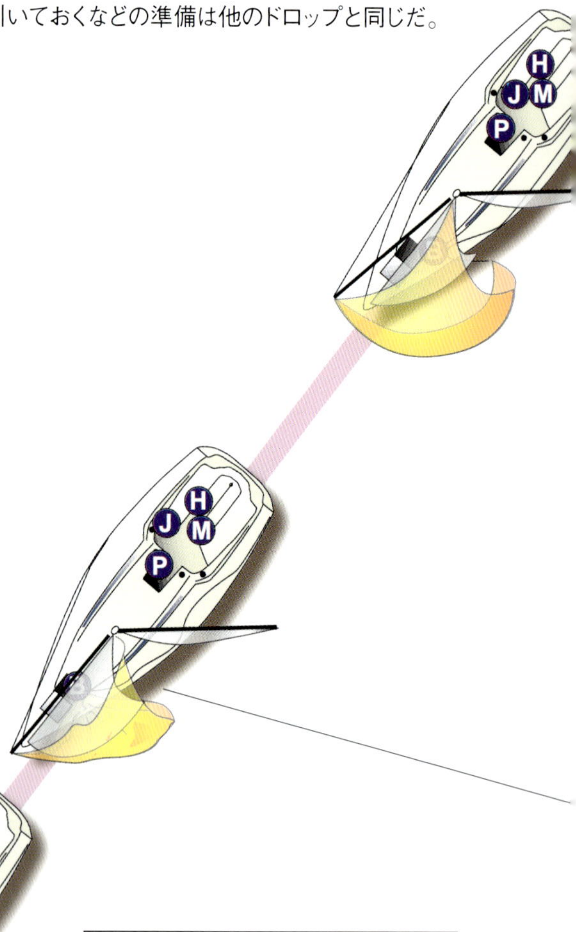

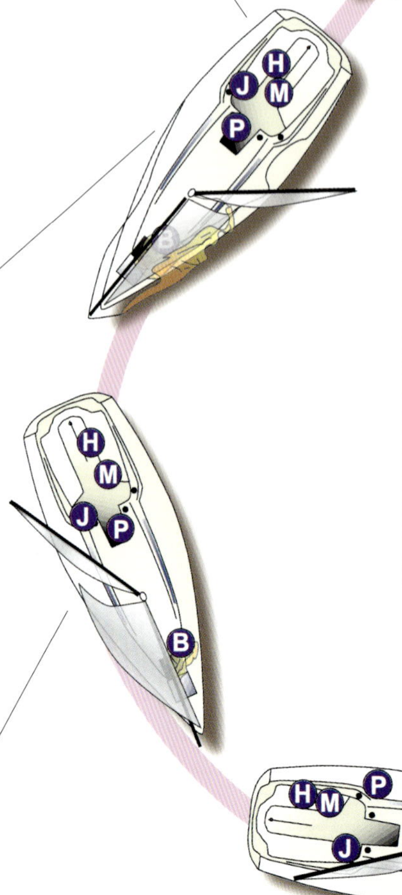

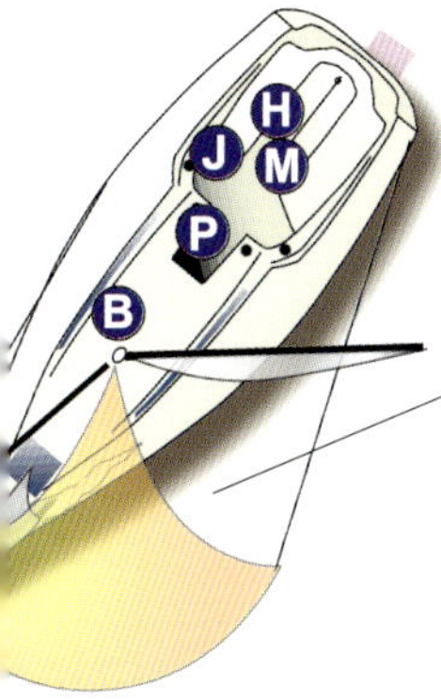

1 まずはジブアップ。写真では、ポートハリをスピンに、スターボードハリはジブに使用している。もちろん逆でも可。バウマンがマストでバウンスしているが、マストマンがいるなら当然マストマンが行う。その場合、バウマンはフォアステイの所でジブが引っかからないようにアシストする

2 ジブが揚がりきったら、スピンの取り込み準備。モデル艇はシングルシート（第６章ジャイビング編参照）なので、直接スピンシートをつかんでいる。ダブルシートシステムならば、レイジーガイをジブシートの下から取って待機する

3 ヘルムスマンの「ポールフォワード」のコールで、スピントリマーはスピンポールがフォアステイの所に行くまでアフターガイを出す。そのタイミングでピットマンはハリヤードをカット

この例では、スピネーカードロップ→スピンポールカットとなっているが、先にスピンポールをカットしデッキに収納してから左舷側にドロップというオプションもある。

この場合、すぐさまマンポールに入らないとスピネーカーをはらみ続けさせることが難しくなる。逆にいえば、この例のようにスピンポールを付けていることによってスピンはよりはらみやすくなるということでもある。

船のサイズや風速などを考慮し、オプションとして選ぼう。

うまく一発でスピンが取り込めれば問題ないが、なにかトラブルがあったとき、ピットマンはバウマンを助けにバウに行かなくてはならない可能性もある。その場合でも、とにかくスピンポールを降ろさないとジブが返らないので注意しよう。

また、ジブシートがきちんとスピンポールの上に乗っていないとジブは返らない。最後のジャイブの時にきちんと作業しておこう（ジャイブ編参照）。

忘れていたら、ジブシート（この場合は右舷側の）を外してスピンポールの上、かつトッピングリフトの前を通しておくこと。

とにかく、ここでジャイビングができなくなると最悪だ。

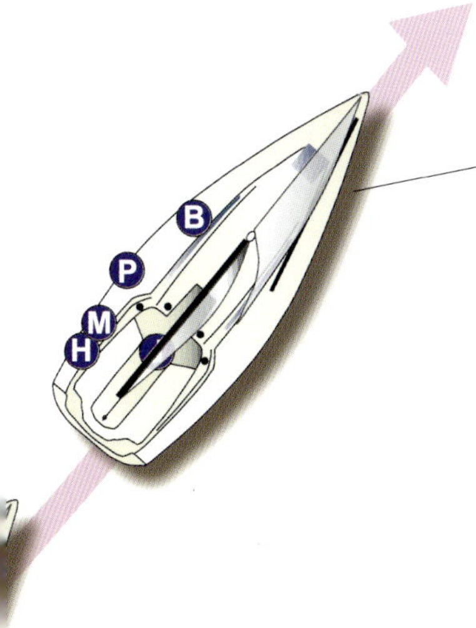

9 スピードビルドが終わったらジブトリマーも風上舷に戻ってマーク回航は終了する

8 最後にスピンポールを定位置（後述）に収納。他のクルーはヒールを起こすことを最優先しよう。また、実際のレースでは直前に他艇がいてすぐにタッキングを余儀なくされることもある。タックできるようにジブシートがきちんと準備されているかも要チェック

アーリーポート・ドロップでは、スピンダウン後にジャイブ動作に入るため、その分早めにスピンを降ろさなくてはならない。

また、ジャイブ後にスピンポールをデッキに収納するので、特にモデル艇のようにエンド・ツー・エンドシステムのボートではクローズホールドに入ってハイクアウトしたいところで風下デッキに行かなくてはならないなどのデメリットもある。

その点、次のページで紹介する「フロートオフ」ならば、ジャイビングの前にスピンポールを収納し、ジャイブの後にスピンダウンできるので、より効率的といえる。

2 ジブが揚がったら、まずスピンポールをカット。強風下で上り気味に走っていると外しにくいかもしれないが、通常は強風下では落として走っているわけだからわりと簡単に外れる

3 外したスピンポールは定位置（後述）に。スピンがはらみやすいように、バウマンはマンポールでガイ側をなるべく外に突き出すようにしている

4 スピンシートが十分に出た状態でジャイブ。バウマンはジブの下をくぐって反対舷に移動。メイントリマーはメインセールを返そうとしている

5 メインセールが返る直前。スピンはきれいに風をはらみながらしっかりと回っている。バウマンはすでに左舷側へ移動し、取り込みの準備

6 メインセールが返った。バウマンはなるべくスピンに風が入るように、大きく体を乗り出してマンポールをしつつ、スピンを風上側に回し始めている。トリマー小林とピット平野は、スピンシートとジブシートの入れ替え作業中

7 スピンを左舷側に回し込んでそのままスピンドロップ。これは外から見た写真。詳しくは70ページで解説しよう

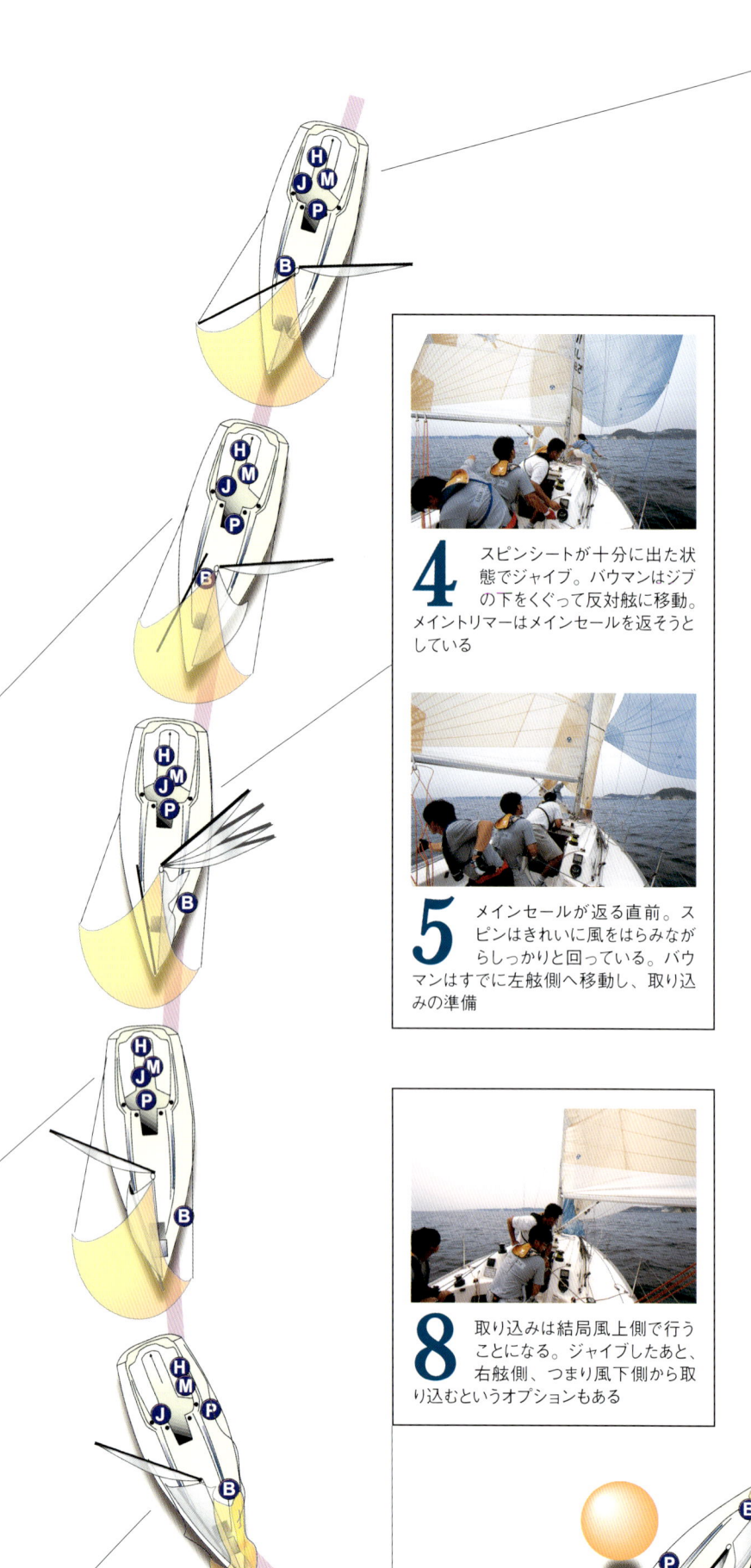

8 取り込みは結局風上側で行うことになる。ジャイブしたあと、右舷側、つまり風下側から取り込むというオプションもある

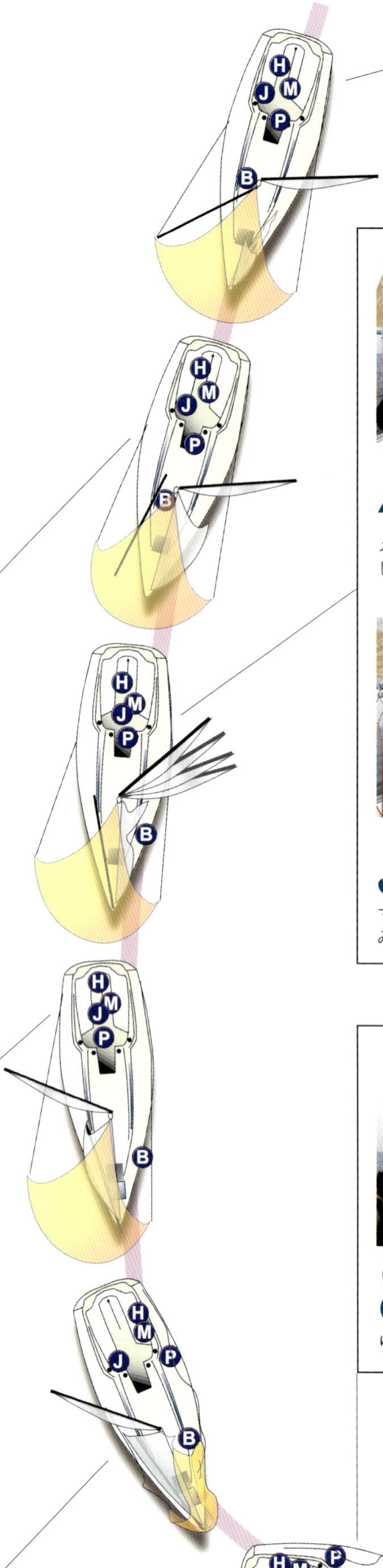

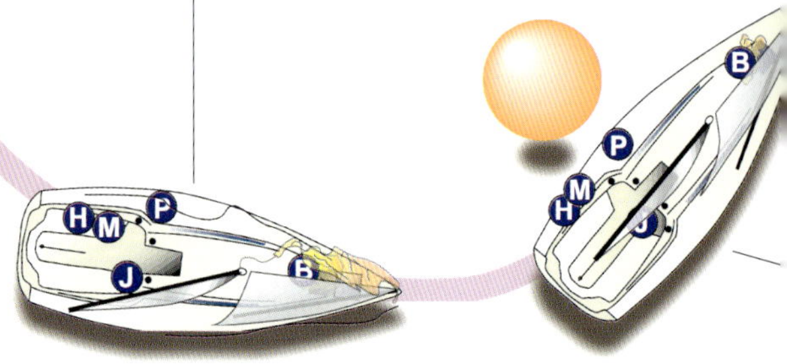

スターボードアプローチ その2 フロートオフ

フロートオフは、スピンポールをカットしてデッキに収納してからジャイビングする。ジャイブ中、あるいはジャイブ終了直後にスピンを降ろすことで、ギリギリまでスピネーカーを展開できる。

1 ジブアップ。これは他のパターンと同じ。キャビントップのウインチをジブハリヤードに使用。アフターガイはプライマリーウインチを使っている

ピット平野のアドバイス

スピンドロップの時は、バウマンがやりやすいように、なるべく上ジブシートの弛みを取ってやるようにしましょう。下マーク回航後即タックもあり得るので、ピットマンは上側に行ったらすぐに上ジブシートをメイク（ウインチにかける）しておきます。

下マーク回航時、バウマンはスピンの回収で大忙しです。マスト、ピットはうまくバウマンをフォローしてやる必要があります。

たとえば、船とマークの距離、相手がいるなら相手の位置をコールしたり、ジブシートなどクリアかどうか、スピンポールの処理など、後ろからケアできることはたくさんあります。

回航でのミスは大体がバウから来ますが、それも後ろのフォロー次第と考えましょう。

トリマー小林のアドバイス

バウアップと共にジブシートを引き込んでいきます。引き込みが遅れないようにするのは当然ですが、ついつい引きすぎてオーバートリムにしてしまうことがあります。風向に合わせて徐々に引き込んでいくようにしましょう。

10 ファイナルトリムを終えてジブトリマーが風上に上がる。バウマンもバウの処理を終えてうしろへ戻りつつある

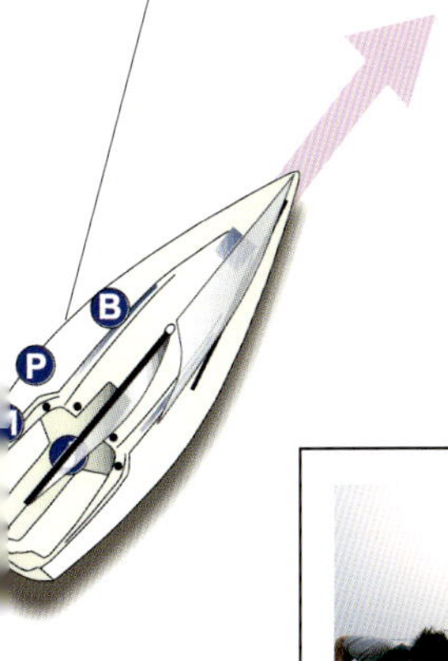

9 ピット平野がジブシートを持ってハイクアウトしながらテーリング。これは他のドロップアクションと同じだ

一連の作業を見れば分かるように、フロートオフではより長くスピンを展開し続けることができる。おまけに先にスピンポールを収納するわけだから、スピンランの間、つまりハイクアウトの必要がないうちにスピンポールの収納ができる。そのためクローズホールドに入ったらいち早くハイクアウトに入ることができるというメリットもあるわけだ。

シチュエーションとしては、ある程度の風速があってバウダウンして浅い角度で下マークにアプローチしているような時に有効なマークラウンディングとなる。

ただし失敗するとボートのバウ先から海中にスピネーカーが落ちてしまい、ボートの下敷きになってしまうなど最悪のトラブルにもなりかねない。スピンを十分に風上側（つまりポートサイド）に回し込んでからスピンハリをカットすること。

逆にマストの風上側に張り付いてしまい、スプレッダーなどに引っかけて破いてしまう、なんてこともあるので注意しよう。

また、モデル艇はヘッドフォイル仕様なので問題はないが、ハンクス仕様のヘッドセイルでは、ハンクスにスピンネーカーが引っかかって破いてしまうおそれがある。ビニールテープを巻いてガードしておこう。こうした地味な努力がトラブルを未然に防ぐのだ。

リスクはあるが、利点も多いフロートオフ。混戦になると後述のようなオプションもさらに発生する。まずはこの頁にある基本形をしっかり練習して実戦で役立てよう。

フロートオフ(続き)

フロートオフでのスピン取り込み時のバウマンの動きを、別の角度から見てみよう。

1 スピンポールをデッキに収納したらジブの下を潜って左舷側でスピンの取り込み準備

2 まさにジブが返るところ。ここでスピンを煽って風上側に回し込んでいる。当然スピンシートは緩める

3 風上側に引き込んでスピンを潰す。ここでスピンハリヤードカット。カットが早すぎるとバウ先にスピンが落ちる

4 ここではバウマン伊藝が1人で取り込んでいるが、マストマンがいる場合は1人がキャビンの中に入って引き込むといい

5 取り込み終わった時点で船はクローズホールドとなってマークを回航。マークとの間隔まさに20cmだ。平野はハイクアウトに入っている

降ろしたスピンの処理

スピンはバウハッチに押し込んだら3点、つまりピーク、タック、クリューを出して挟むようにしてハッチを閉める。ハリヤードは外してマストの根元にでも付けておく。スピンシートとガイ(モデル艇ではどちらも同じ)は付けっぱなしでもいいし、外して両方をクリップしておいてもいい

降ろしたスピンの状態。写真ではスピンの左右が逆になっているが、降ろしてギア・ラウンドして……と続けているとこうなってしまうこともあるので気にしない

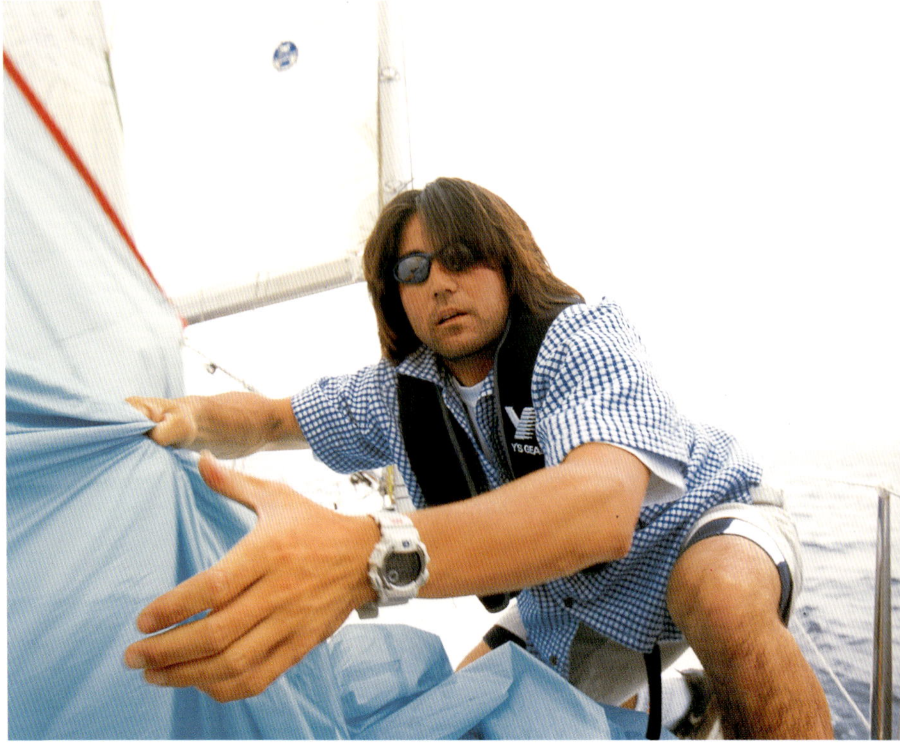

下マーク回航の主役、バウマン。彼の活躍も他のクルーの適切なフォローあってこそだ。チームワークでこのステージを飾ろう

スピンポールの収納

スピンポールは右舷(スターボード)側のデッキに収納する。上マークへはスターボードタックで最終アプローチするからだ。

艇種によって安定した場所があるが、モデル艇ではサイドステイとコーチルーフの間に挟み込むようにすると据わりがいい。

トッピングリフトをエンド側のジョーに噛ませておけばフラフラせずにジブシートの邪魔にならない。ポールセットの時はどうせジョーを開けるのでその時自動的に外れるというわけだ。

スピンポールを降ろしてすぐにタックしたいという時には、思い切ってスピンポールを後ろに振り、トッピングリフト(つまりスピンポールの中間地点)がサイドステイのあたりに来るようにしてもいい。

また、最後のジャイブでスピンポールの上にジブシートを乗せられなかった時には、スピンポールを降ろしてから思い切り後ろへ振り、ポールのティップ側から反対舷のジブシートをくぐらせるという手もある。J/24のようにスピンポールが短い艇種では特に有効だ。

大型艇で、ディップポールシステムの場合には、トッピングリフトを緩めてマスト側のスライダーを一番下まで下げるだけでいい。トッピングリフトがブラブラしたままだが、これでもタックはできる。この場合、ジブシートはスピンポールの上、トッピングリフトの後ろを通る。

しばらく走って落ち着いてから、トッピングリフトを後ろへ戻せばいい。

ジブシートがスピンポールの上、かつトッピングリフトの前になければタックできなくなってしまう

あるいは、そのままスピンポールを後ろへ振ればトッピングリフトも邪魔にならない

そこで、トッピングリフトをエンド側のジョーにはめておけば、邪魔にならない

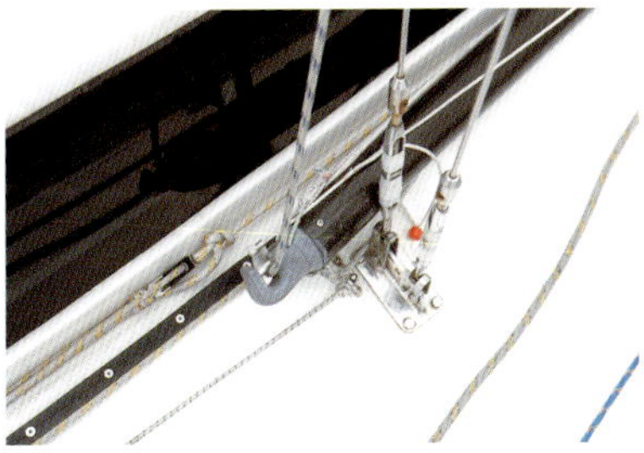

この状態で、サイドステイの内側に置く。艇種によって落ち着く収納場所が違ってくる

ジブシートをスピンポールの上に乗せることができなかった場合は、ポールを大きく後ろへ振り、ジブシートをかわす

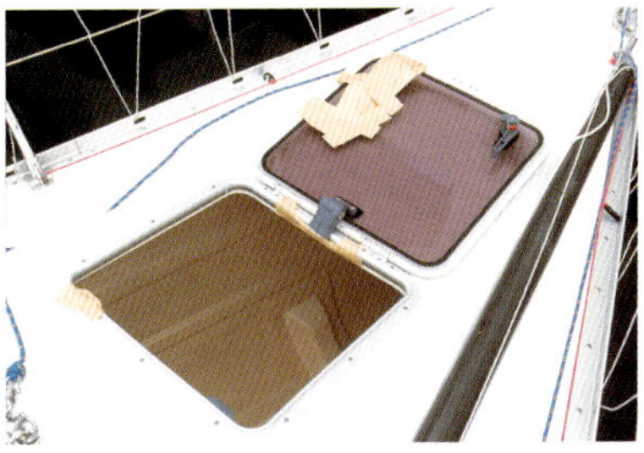

テーピング

船の尖った部分にテーピングをしておかないと、スピンダウンやホイストの際にひっかけてスピネーカーが破れてしまうことがある。

また、モデル艇のようにバウハッチは前開きの方がスピンの上げ下ろしには便利だ。写真では、バウハッチのロックは片方(スターボード側)だけ残してテーピングで固めてある。ここからスピンの3点(ピーク、タック、クリュー)だけ出してハッチを閉める。

当然多少隙間が開くので強風時は海水が入って来てしまう。

マストのテーピングも忘れずに。スプレッダーのエンド、D2(インターミディエイト)とアッパーの隙間にもスピンが挟まってしまうことがあるので、ショックコードやビニールテープなどでガードしておくと良い。

ゲートマーク

コース設定によって、さらに広がるレースの妙味

風下のゲートマークは上マークのオフセットマーク同様２つのマークを設定するものだが、オフセットマークとは異なりどちらのマークを回ってもいい、というものだ。

単純に考えて一番スムースな回航スタイルとしては、スターボードタックでルール上のアドバンテージを持ちつつ、向かって右側（下図で見る左側）のマークを回るという方法。スピンは風下側へドロップすれば、次の風上マークではそのままベアウエイセットできる……ということになる。

ところが、下マークでは、その２艇身以内ではポートタック艇でもルームを要求できる。つまりスターボードタックだからといっても最終的にはコースを譲らなくてはならないケースも出てくるので注意しよう。

さて、ここでのポイントは、向かって右側のマークを回る時は、時計回りになるということだ。マッチレースでもない限り、通常のフリートレースでは時計回りにマークを回ることはほとんどない。しかし、下マークにゲートが採用されている場合は、時計回りの回航アクションにも対応した練習を積んでおかなくてはならない。

もちろん、両方のマークが風向に対して正確に打たれているとは限らず、近いマークと遠いマークが存在することが多い。あるいは、多少遠くとも、混雑していない側が有利な場合もある。次の風上航で、どちらの海面を通りたいのかによっても違ってくる。

つまり、どちらのマークを回るのかが直前になるまで決定できないケースも多いのだ。その場合、マーク回航のパターンも、非常に多くのオプションの中から瞬時に選択しチームワークをまとめなくてはならない。つまり、ゲートマークの回航は、かなり難度が高いということになるわけだ。それだけにクルーワークとしてはやりがいがある檜舞台であり、レース後半の大きな山場ともいえる。

下マーク回航のオプションと次の風上マーク

これまで、下マーク回航として、ポートアプローチのコンベンショナルドロップ、その風上降ろし、スターボアプローチではアーリーポートドロップとフロートオフと4通りに分けて解説してきた。

これにゲートマークでの時計回り回航を入れれば全部で8通りになる。

さらにそれぞれ、スピンポールを先に外したり最後に収納したり、フロートオフから右舷側にスピンをドロップしたりとオプションは数多い。

たとえば次の風上マークがベアウエイセットになりそうなら、スピンはポー

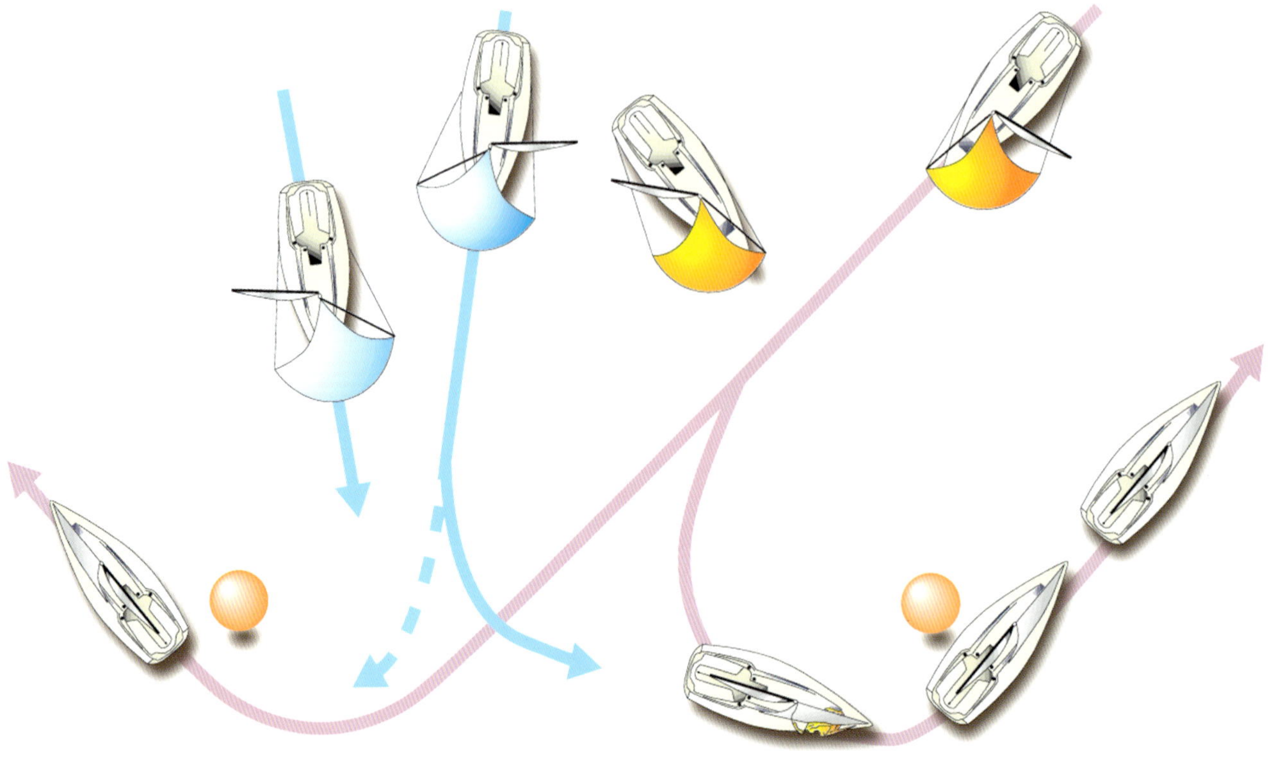

フロートオフのオプション

中途半端な位置から下マークにアプローチすると、ジャイビング後数艇身走ってからスピンダウンというシチュエーションになることもある。ジャイブ後完全にポールをセットしてから再びポールを外し……というのではデッキワークもかなり煩雑になる。

その場合は、フロートオフの変形として、ジャイブ後そのままポールはデッキに収納してしまいマンポールで数艇身走ってからスピンダウン、というオプションも可能だ。

また、ここでスターボード(風下)側へのスピンダウンというオプションもありだ。

状況を見て数々のオプションの中から選ぼう。

ト(左舷) 側に回収した方が便利だから、取り込みもポート側に。ジャイブセットになるならその逆に。あるいは、これが最後の下マーク(次の風上でフィニッシュ)なら、なるべくトラブルがないような方法で取り込む等々、その時の状況に合わせて柔軟に作戦を変更できるよう、あらゆるパターンを練習しておこう。

そうなると、一言でどのパターンにするかを全員が理解できなくてはならないことになる。

スターボードタックでアプローチしていて、最初はフロートオフのコールがあった。通常ならばポート(左舷)側にスピンを降ろす。しかし、これが最後の下マークだ。なにもスピンを風上側から降ろす必要もない。ここでバウマンが「スターボ(右舷)側に降ろした方がトラブルが少ない」と思ったら、そこで作戦を変更するべきだろう。バウマンは自ら決定し、後ろに対してコールしよう。

日頃から練習を重ね実戦経験も豊富なチームなら、ここでバウマンがやろうとしていることを瞬時に全員で理解することができるだろう。

どんなスポーツでもそうだが、最初は目先しか見えない。練習と実戦で経験を積んでいく内に、視野が広くなってくるものだ。

しだいに他のクルーの動きが見えてきて、次には周りを走る他艇の動きもよく見えてくる。

第8章

［エントリーからスタートまで］

THE RACING CREW WORK　CHAPTER 8

勝負はスタートラインに着くまでに決まっている

タッキングから始まってマーク回航にジャイビング。クルーワークの基本は身に付いただろうか。

最終章では、これまで学んできたクルーワークを発揮すべく、ちょっと大きなレースに出場する場合を想定し、レースへのエントリーから準備、そしてスタートするまでについて見ていきたい。

ヨットレースは準備が大事だとよく言われる。クルー集めから艇の整備と、やることはいっぱいある。それらを準備万端怠りなくやっつけて、いざスタート海面に立てば、「レースは終わったも同然」と言われることも多い。

スタートするにあたって必要となる多くの要素を一つ一つつぶしていこう。これもまた、レースの一部なのだ。そして、クルーの重要な役割でもある。

良いチームは、これらの作業を手分けしてみんなで片づけていく。あるいは、別のクルーの分担にも目を光らせて、全員でミスのないように注意し合うのだ。

「レースを選ぶ」

一言でヨットレースといっても様々だ。レースのスタイル、つまり「インショアかオフショアか」なんていうことから始まって、どのような艇が集まるのか、ということも考えなくてはいけない。それによってレベルも大きく異なってくる。あまりの低レベルに嫌気がさしてしまうこともあるだろうし、逆にレベルが高すぎて歯も立たず、失意のうちにレースが終わってしまうかもしれない。

しかしそのハイレベルな中での経験が次回へのレベルアップにつながるかもしれないし、逆に低レベルと思って馬鹿にしていたイベントの中に、また新たなヨットレースの楽しさを見いだすことができるかもしれない。

まずはターゲットを絞るために、実施要項（Notice of Race）を手に入れよう。これは各主催団体が発行している。最近ではインターネットのホームページを使って広く掲示してあることも多い。とりあえずJSAF（日本セーリング連盟 http://www.jsaf.or.jp/webcal/webcal.cgi）のホームページに掲載されているレースカレンダーに目を通しておこう。

逆にレース主催者はこうした公の掲示板を利用して、どんどん自分たちのレースをアピールしていただきたい。レースの告知時点でいい加減なイベントは、いざ参加しても何から何までお粗末で期待はずれということも多いのだ。

実施要項には、レースの名称、場所、期日および主催団体の名称、そしてレースが行われるクラスと参加申し込みの条件や制限、さらには申し込みの手順や諸費用などが書かれている。よく読んで、それが自分たちに適したレースなのか否かを判断しよう。

また、実施要項には事務的なことしか書かれていないので、実際の評判を知るために1年前のヨット雑誌を引っ張り出してきて前年度の記事を読んだり、個人のホームページを検索するのも良い。レースの雰囲気が良く分かる。実際に参加経験者に聞いてみるのもいいだろう。

レースによっては、出場にあたって特別な安全基準がある場合もある。場合によっては新たにレーティングを取り直したりしなくてはならないなど思わぬ出費になることもあるので、そのへんも含めてどのレースにでるのか、よく考えよう。

練習とシェイプアップ

ターゲットとなるレースを決めたら、さっそく準備に入ろう。

まずはエントリーの締め切りを確かめて必要書類の準備だ。船検証や保険証書のコピー、全員分のJSAF会員証のコピーが必要になったりすることもある。船検証は船にあることが多いので、ついでの時にコピーを取って自宅に置いておくなどといった作業が必要になることもある。このあたりの作業は、結構たいへんなのだ。

同時にクルーを揃えて練習に入らなくてはならない。ポジションごとに特性を考えてメンバーを割り振り、みっちり練習を重ねよう。練習はこれまでの本書を参考にしていただければ幸いである。

10人乗りくらいの艇になると、レース直前にドタキャンするクルーが出現するケースも少なくない。チーム構成には厚みをもたせ、いろいろなポジションをこなせるように準備しておこう。このあたりが一番苦労するところだろう。腕のいいクルーは早めに押さえておかないとすぐに他艇に取られてしまうのだ。

クルーの練習と同時に、船の艤装も研ぎ澄ませていこう。ジブシートがオーバーレイドしたり、バックステイがセールに引っかかるなどといった艤装の不具合は練習ごとに洗い出し、アイデアを出し合って解決に努める。練習するということの意味は、こうした艤装の不具合点を洗い出すことでもあるのだ。

気が付いたことといっても、どうしても忘れがちだ。練習中にどんどんメモをとって、後でまとめるとよい。新しいアイデアはその都度試し、ダメなら元に戻す。そのうち船は自分たちにとってもっとも使いやすい艤装へと進化を遂げていく。そして無用のトラブルも減っていく。

あと一歩というところで優勝を逃す、というケースには、案外こうした船のシェイプアップ不足によることも多いのだ。

週末は、半日は艤装の整備。半日は練習と、メリハリをつけたスケジュールを立てて、ターゲットとなるレースに向けて船も人もシェイプアップしていこう。

クリート上にショックコードを追加。ロープやセールが引っかからないように工夫している

シートのオーバーレイドは大きなロスだ。ショックコードを追加するなど、防止対策は万全にしておく

「レース直前の準備」

ボートをレース状態にする

いよいよレースの日が近づいてきた。艇をレース状態に仕上げるために、いちどすべての搭載物を降ろして大掃除を行おう。

コツは、とにかくすべてのものを降ろすこと。どうだろう、自家用車1台分くらいの搭載品があると思う。その上で、まずは必要な安全備品を、必要な場所に積み込んで行く。

レース艇の場合、ルール上絶対に搭載しなければならない安全備品が決まっている。これは、なにがしかのルールで決めなくては不公平になるからだ。安全を考えて備品を積み込んでいったらきりがない。たとえば、非常用の火薬類だっていざという時のことを考えれば多いほどいい。消火器だって1本より2本、3本、4本とたくさんあればいいに越したことはない。クルージング艇ならば予算と収納場所に合わせてより多く搭載すればいいのだが、レース艇の場合は、スピードを考えればなるべく軽い方がいいわけだから、公平さを考えるならば最小限の基準をルールで決めてもらわなくてはならない。

レースによって、船検で要求される安全備品でＯＫとする場合と、別に安全規則が決められている場合がある。船検備品はあたりまえとして、それぞれ安全備品リストに従って必要な備品を搭載していこう。

船検備品以外に、予備のティラー、ライフハーネス、リギンカッターなどが要求されることも多い。時間的に余裕を持って準備しておこう。また、これは安全のためでもあるので、クルー全員が「何がどこにあるのか」を把握しておくことも重要だ。

搭載工具も安全備品に含まれる。重量が定められているクラスもあるので、これも要注意。その上で、必要最小限の工具を積もう。

最低限必要な安全備品を積み込んだら、次は予備部品だ。レース中に何かの部品が壊れてもレース続行が不可能にならないように最低限の用意をしたい。

スペアシャックルとスペアブロックはなるべく使い回しが効くものを。また、スペアシートはアフターガイの代わりになるものを1本積んでおけば、ジブにもスピンにも使い回しがきくだろう。また、ランナーのある艇はランナーテイルも1本予備を積んでおきたい。スペアバテンも使い回しができるように長めのものを積んでおく。

セールのリペアキットとして、リペアクロスとハサミ、針と糸ぐらいは用意しよう。ビニールテープやガムテープも忘れないように。

燃料も、ルールで最低量が決まっていることが多い。足りないとルール違反であるばかりか、レース海面の行き帰りに苦労するので、残量をチェックしておく。クルージングの時と違って、忘れがちなので注意したい。

整備は完璧に

日頃から練習に精を出していれば、艤装はそれなりに固まってきているはず。その上で、古くなっているロープ類は交換するべきだし、グースネックやブームバング、スピンポール類もしっかりチェックしてトラブルのないように備えよう。

船底はツルツルスベスベになるように磨き上げる。スピードに大きく貢献することは間違いないし、なにより精神的にも「誰よりもスベスベの船底」であることが必要なのだ。ついでにラダーベアリングもチェック。一度外してベアリング部のチェックと、アーマオールなどのケミカルですべすべに磨き上げて舵軸の抵抗をなくす。

また、クラスルールもクルー全員で理解しておく。許されない艤装の改造などもあるので注意。J/24クラスの全日本選手権などになると、レース前のインスペクションだけでもかなりの手間と時間を要する。ここで不具合があるとレース前の練習ができなくなったりする。ルールブックをベースに事前に十分な準備が必要だ。

けっこう重要な藻対策

微風のレースでは「敗因はキールに藻がついていた」ということが意外と多い。スタート前にチェックすることは当然だが、レース中に付いた藻を取り除くためのフロースラインや藻取り棒なども用意しておきたい。

フロースラインは単なるロープで、芯を外した外皮など不要なものを適当な長さ分だけ用意しておけばいい。これを両舷にわたって流し、丁度タオルで背中を洗う要領でキールに着いた藻を取る。

藻取り棒は、極太の釣り竿などの先端にロープの外皮を取り付けて自作する。釣り竿側を持ってデッキから身を乗り出し、ラダーの前面に付いた藻を取り除く。

帆走指示書は熟読すること

帆走指示書が届いたら、よく読む。これはスキッパーだけではなく、クルー全員が理解しておくことが重要だ。もちろん帆走指示書はルールブックをベースに書かれているので、ルールブックを用意し、帆走指示書に「ルールxx.xによる」などと書かれていたら、必ず該当するルールを読むこと。当たり前のようで、こういうところを読み流していることが多いので要注意。

特にスタートの方法。クラスがいろいろ分かれている時にはその順番と、ゼネラルリコール時の再スタート方法などもしっかりチェック。最近のルールでは、5分前、4分前、1分前、スタートという手順を取ることが多いので、腕時計の使い方なども確認しておく。

失格に変わる罰則も、720度回転とＩ旗によるパーセントペナルティー、またはどちらでも選べる場合とある。あるいは、720度回転を360度回転に軽減している場合があったり、上マークの２艇身以内では720度回転であったり……と、いったいどのようにしたらいいのかクルー全員で確認しておく。いざという時にあわてて帆走指示書を開いても遅い。

さらには、コース変更やフィニッシュラインも全員で要確認だ。

良いレースは帆走指示書もしっかりしている。艇長会議では何も質問は出ずに終わったりするのだ。逆に参加者にも準備が必要なので、主催者側は帆走指示書は遅くともスタート前日までには配布するようにするべきだ。

バウステッカーを貼る

大きなレガッタになると、帆走指示書に基づいてバウにリコールナンバーとスポンサーステッカーを貼ることが多い。準備万端整ったところで丁寧に貼ろう。直接スピードに影響しないかもしれないが、このステッカーの貼り方の汚い船が優勝したためしがない。これは法則である。

とはいえ、大きなステッカーになるときれいに貼るのが意外に難しい。バウの部分に貼るには体勢も苦しいし、バウとはいえヨットの艇体は3次的な曲面で構成されている。うまく貼らないとステッカーに大きな気泡や皺が入ってしまうのだ。

きれいに貼るには、水に洗剤を溶いたものをスポンジで船体に塗り、その上からステッカーを貼るとうまくいく。最初はビショビショの上にシールをはってもツルツル動いてしまい、ホントにくっつくのかと不安に思うかもしれないが、だまされたと思ってお試しを。

レガッタ終了後には早くはがさないと、ベトベトが残ってしまうので注意しよう。

また、B旗、I旗などと共に、レース旗、クラス旗なども必要な場合があるので、帆走指示書を良く読んで備えておこう。

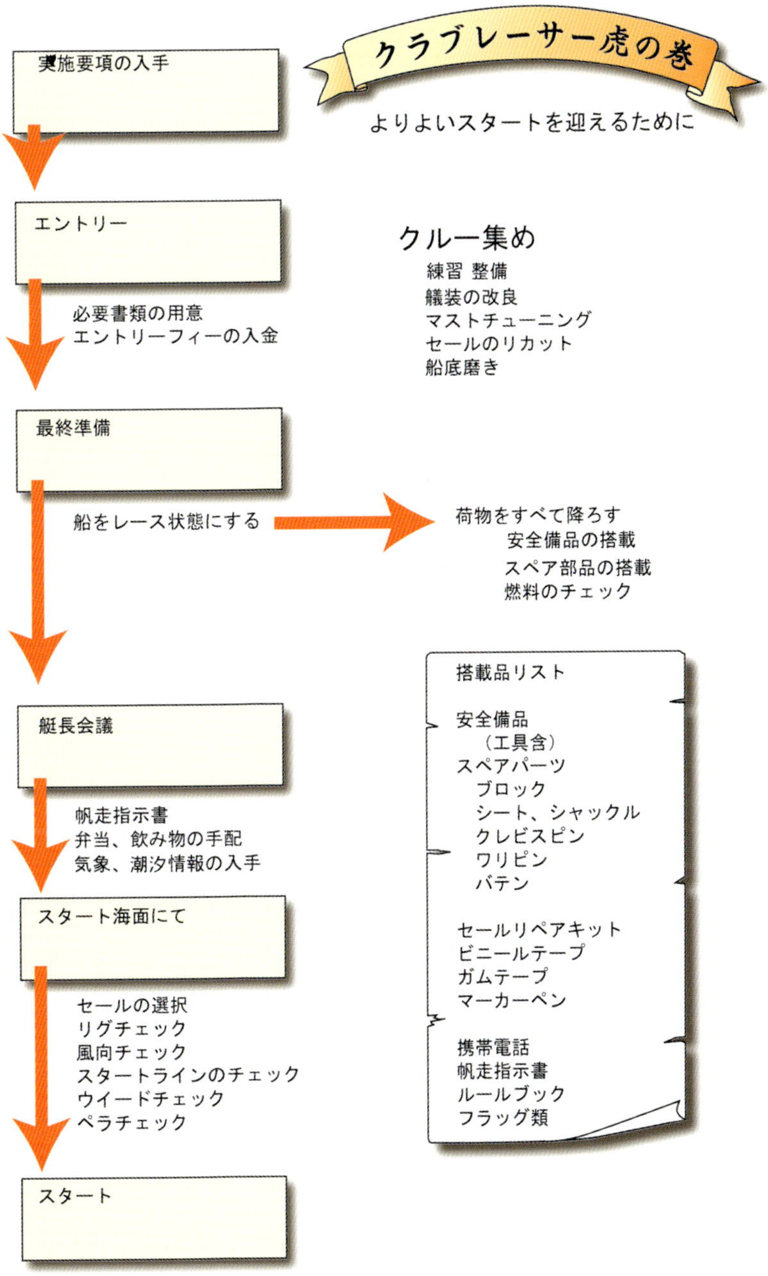
クラブレーサー虎の巻
よりよいスタートを迎えるために
実施要項の入手
エントリー
必要書類の用意
エントリーフィーの入金
クルー集め
練習 整備
艤装の改良
マストチューニング
セールのリカット
船底磨き
最終準備
船をレース状態にする
荷物をすべて降ろす
安全備品の搭載
スペア部品の搭載
燃料のチェック
艇長会議
帆走指示書
弁当、飲み物の手配
気象、潮汐情報の入手
搭載品リスト
安全備品
（工具含）
スペアパーツ
ブロック
シート、シャックル
クレビスピン
ワリピン
バテン
セールリペアキット
ビニールテープ
ガムテープ
マーカーペン
携帯電話
帆走指示書
ルールブック
フラッグ類
スタート海面にて
セールの選択
リグチェック
風向チェック
スタートラインのチェック
ウイードチェック
ペラチェック
スタート

ウエイトイン

クラスによっては、クルーの体重制限が設けられている場合がある。クルーの体重はヒールを起こす大きな要素なので、体重は重い方が有利になる。もちろん微風に終始すればその限りではないが、レース期間中ずっと全員風下にいた、などというケースは非常に少なく、少なくとも全員風上に座るようなら体重は重い方が有利になる。

そこで、レース前に体重を量り、リミット以内に納めるという手続きが必要になるわけだ。体重がオーバーになると、誰か1人降りなくてはならないので注意しよう。

国内のレースでは、短パン、Ｔシャツに靴を履いて計量するのが一般的なので、注意しよう。パンツ一丁に比べると１kgほどは違う。５人で５kgにもなる。

クルーウエイトは、あきらかにスピードに影響する。十分な注意が必要だ。

「個人装備」

写真は本書のコーチたちが普段使っている個人装備だ。それぞれ見ていこう。

靴

デッキシューズは動きやすい運動靴タイプが主流だが、小型艇ではハイクアウトしているだけで足元はビショビショになってしまう。季節やポジションによってはショートブーツもいい。また、ロングブーツもより防水性が高くなる。写真左下はアイルランドの名品デュバリーのブーツで、皮とゴアテックスでできているので蒸れにくい。

ポジションによっては裸足というのもありだが、怪我には注意しよう。デッキの上はいろいろなものが出っ張っているぞ。

ソックス

靴が濡れればとうぜん靴下も濡れる。乾きやすい素材やゴアテックスなどの防水透湿性の高いものが出ている。何日かにわたるレガッタでは、翌日も濡れた靴を履かなくてはならないなんてこともあるので、ソックスにも気をつけたい。

膝パット

クルーワークでは、デッキに膝をつくことが多い。デッキはノンスリップになっているし、クリートなど出っ張りも多いので、膝パットがあると膝を痛めることがない。特にヨット用というものはないので、バレボール用などを流用しよう。

衣類

クルージングと違って、レースでは個人の装備は最小限に限られる。場合によってはカッパも持ち込むことが許されなかったりする。最小限の衣類で、より多くの状況に対応できるように工夫するべきだろう。

特にシャツは、コットンではなく新素材を用いたものがいい。乾きが早いので寒くなく暑くない。

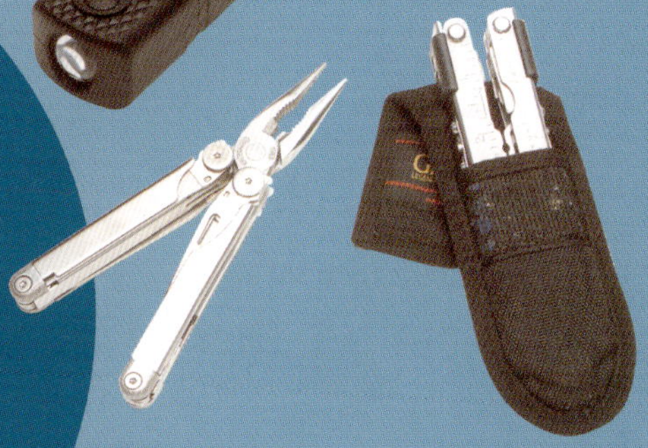

パーソナル・ツール

昔はシャックルキーを首からぶら下げて……なんてことがあったが、今はほとんどがレザーマン、ガーバーなどのマルチツールになっている。以前あったマルチツールに加えて、プライヤーの機能が搭載され、艇上での使い勝手が格段によくなった。

プライヤー、ナイフ、十ドライバー、一ドライバーなどをよく使う。１人が１つ持っていて損はない。ただしモノによっては錆びやすいので、使用後の手入れを怠りなく。

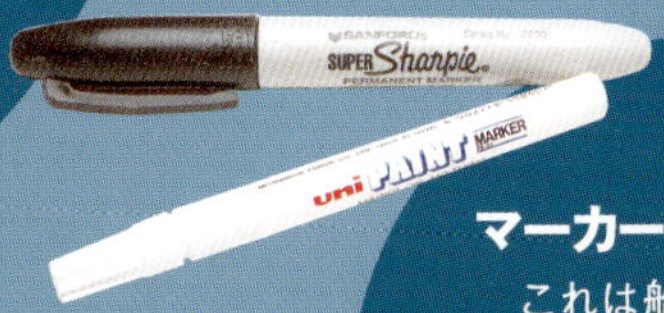

マーカーペン

これは船に備えておいてもいいが、ポジションによっては個人で持っていたい。ハリヤードのマーキングなど、使うことは多い。

ノート

ウェットノート（耐水性ペーパー）を携帯していると、気がついたことをどんどんメモできる。レース中に気がついたことも、フィニッシュ後にビールを飲んだとたんに忘れてしまっては元も子もない。

レースの合間にもささっと書き込んで次に備えよう。もちろん練習中にも携帯していたい。

ハーネス

写真はライフハーネスではなく、バウマンがマストに登る時のためのハーネス。

大型艇ではスピン交換の時にスピンポールの先端まで行ったり、ハリヤードを入れ替えに行ったりと、とっさにマストに登ることも多い。小型艇ではあまりそういうケースはないが、それでもトラブルの時には必要になる。素手で登れても、作業の時に両手を使わなくてはならないので、やっぱりハーネスは必要なのだ。

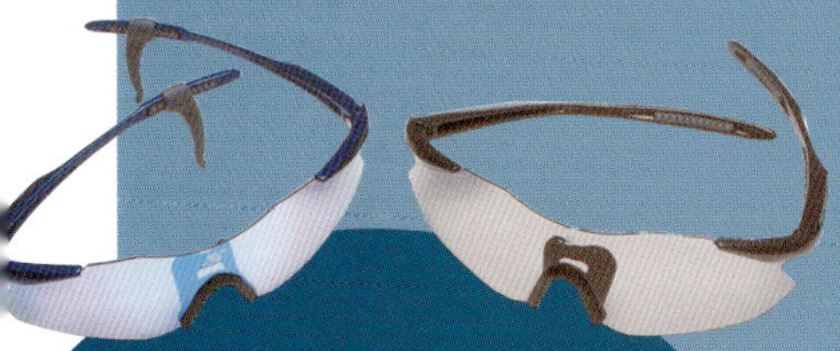

サングラス

強い紫外線から目を守るため、日焼け止めとともに必需品。特にセールをずっと見続けているトリマーは必携だ。

偏光グラスは太陽の照り返しを遮るので、遠くのブローを見つけるのにも有効。不意に落とさないように、ストラップをつけておくのも良い。

帽子

こちらも夏場は太陽から頭を守り、冬場は寒さから守り、雨の日にも有効と、なくてはならないもの。

風で飛ばされないように紐を付けておくといいが、脱いでぶら下げた時にツバの部分が下腹部にくるような長さにしておくと、調子がいい。ハイクアウトする時、帽子のツバがライフラインに当たるようにすると、痛くならないぞ。

腕時計

スタートのタイミングは、クルー全員が把握している必要がある。もちろん、ドックアウトする前も、各自が自分でタイムスケジュールを把握していく必要がある。

ヨット用の腕時計もあるが、特に専門的なものでなくてもよい。ある程度の防水性があればOK。デジタル、アナログどちらでも好きなほうで結構だ。

時報に合わせておいた方が使いやすい。たいていのコミティーは自分の時計を時報に合わせている。テレビや電話、あるいはGPSでも正確な時間が分かる。

弁当と水

レース中は食事をしている暇はない。1日1本のレースなら、スタートは10時～11時。フィニッシュは14時ちょっと前という感じだろうか。

この場合は朝食をなるべく遅らせ、ドックアウト直前に桟橋ですませるのもいい。その上で、簡単な弁当(おにぎりやサンドイッチ)を積んでいって、フィニッシュ後マリーナに戻る途中で食べるというのもいい。

1日2レースなら、レースの合間に食べることになるが、フィニッシュが遅れると弁当を食べている暇がないなんてこともあるので注意しよう。

レース中にはのどが渇く。飲み物は季節に合わせて用意しておこう。必要な量だけシートバッグに出し、残りはキャビンの床下に収納しておく。なるべく重心を低く保つように心がけること。

スタート直前に行うこと

レース海面には早めに到着しておきたい。そこで、まずクローズホールドのスピードチェック。特に風速に合わせたセールの判断が微妙な時は、両方揚げて走ってみることが重要だ。同型艇がいたら走り比べてみよう。

もちろんセールのチェックばかりではなく、リグのチェックも忘れずに。この後風速がどう変化していくかを予測しながら、風速、波の大きさに合わせてリグのセッティングも決める。リグのセットは準備信号前までに決めなくてはならない。

リグのセットを決めたら、一旦バックしてペラやキールに付着しているかもしれないゴミや海草を取り除く。付いていないと思ってもとりあえずやっておこう。できることはすべてやるのだ。

エンジンを後進に入れてバックしてもいいし、セーリングで船を風位に立て、行き足がなくなりかけたところでブームを前に押し出して風の力でバックさせてもいい。

エンジンは準備信号の前に止める。

フォールディング・ペラの艇は、エンジンを止めたらペラがきちんと閉じるようにする。特に微風時は閉じにくいので、一旦機走全速で走ってからエンジンを止め、その勢いでペラを閉じる。船底に窓が付いているならば、そこから覗いてペラが正しく(縦方向に)閉じているかチェックする。もしも横方向で止まっていたら、下のペラだけ開いてしまう危険性もある。ギアを入れた状態で軽くセルを回して縦位置で止まるように調節しよう。トップクラスのレーサーはこういう細かなことまできちんと行っている。

海面、レースコースのチェック

出艇前に気象情報、海象(潮汐)情報は入手しておくこと。

実際に海に出たら、それら事前に入手したデータと目の前にひろがる現実を一つ一つ比べていこう。

マークや蛸壺の横を通過したときは、潮をチェックする絶好のチャンス。情報はどんどん蓄積していくことに意味がある。雲の流れや陸地の煙突の煙、沖合に止まっている漁船の向きから、大きな風の変化を知ることもできる。

バウマンは、スタートラインの見通しも確認しておこう。本部船とピンエンドの見通し上の物標を確認しておくことで、たとえスタートライン上で本部船が見えなくなっても、ラインまであとどのくらいかを知ることができる。

本部船上に掲げられるコースボードももちろんチェック。どのようなコースになるのか、クルー全員で確認し、スタートに臨む。

さあ、そうこうしているうちに、スタートの時間が近づいてきた。フラッグが踊る。ホーンが鳴った。いよいよスタートだ。これまで練習してきた成果を見せる時がやってきた。思う存分レースを楽しんでいただきたい。

APPENDIX

セーリングスタッフ紹介

本書で講師役を務めてくれたセーラーを紹介しよう。スキッパーの高木 裕以下、いずれも現役のレーサーだ。

高木 裕

本田敏郎

小林正季

平野恭行

伊藝徳雄

スキッパー／ヘルムスマン

高木 裕

Takagi Yutaka

（1960年、熊本県生まれ）

ヨットを始めたのは9歳から。東海大学第二高校では、自らヨット部を創設し国体出場を果たした。福岡大学時代にはインカレ優勝、インカレ470個人戦優勝。学生初の470級全日本チャンピオンとなり、国体優勝、アジア選手権優勝、ワールド7位、ロサンゼルス五輪11位という快進撃を果たす。

ディンギーのみならずキールボートでも、ジャパンカップ優勝、鳥羽パールレース優勝、ケンウッドカップ3位、ブロックアイランドレースウイーク優勝。マッチレーサーとしてもJ/24全日本マッチレース優勝、鳥羽マッチレース優勝、ニッポンカップ6位など、インショア、オフショア問わず国内ナンバー1ヘルムスマンとしての実績を残す。

現在は熊本で（株）シーガル（コンピューターとヨットサービスの会社） 代表取締役として自らのレース活動と出張セーリングクリニックなどを行っている。

（http://www.seagull-net.co.jp/marine）

takagi@seagull-net.co.jp

メインセール・トリマー

本田敏郎

Honda Toshiro

（1965年、神奈川県生まれ）

19歳からセーリングを始め、大学卒業と同時にBBCチャレンジに所属。アメリカズカップを目指して本格的なヨットレースに取り組み始める。

BBCチャレンジ解散後も独自にヨットレース活動を続け、ニッポンチャレンジ2000のクルー募集に応募し合格、ヘッドセールトリマーとして活躍した。

IORワントンやファー40、あるいはエッチェル22、J/24など、幅広くレース活動を続けると同時にマッチレースにも力を入れ、ニッポンカップにも出場。50ftサーキット、ケンウッドカップ、ワンデザインクラスのワールドチャンピオンシップなど国際レースの経験も豊富な万能セーラー。

クルーとしてだけではなく、セーリングマネジメントもこなし、現在は（有）On The Wind代表取締役として、広くセーリングコンサルタント業務を行っている。

（http://www.onthewind.co.jp）

ヘッドセール・トリマー

小林正季

Kobayashi Masaki

（1973年、静岡県生まれ）

6歳からヨットを始め、ヤマハジュニアヨットスクール浜名湖→浜名湖ヨットシステムJFP（小池哲生代表）→日本大学ヨット部とヨットレーサーの王道を進んだ後、プロセーラーに。

日本大学では470級、スナイプ級で活躍し、全日本インカレ総合優勝。レーザー級ではワールドユース２回（日本人歴代最高順位）、ナショナルチーム4回などシドニー五輪の代表候補選手となる。J/24の2001年ワールドでは〈SANTA BLACK〉で３位。マム30〈エスメラルダ〉やファー40など、海外レースや世界選手権でトリマー、タクティシャンとして出場。ケンウッドカップ2000ではILC40〈ゼネット〉のヘルムスマンとして好成績を残している。

シングルハンドからビッグボートまで、ヘルムスマン、トリマー、タクティシャンとして国内外のレースで活躍する。持って生まれたセンスと積み重ねた経験に裏打ちされたセールトリムのコツは、この男から聞け。

（e-mail:kobajpn@attglobal.net）

ピットマン

平野恭行

Hirano Yasuyuki

（1972年　愛知県生まれ）

ニッポンチャレンジのアメリカズカップ艇の進水式で初めてヨットを見て感動、東海のヨットチーム〈ブーメラン〉に入りヨット活動を開始。95年にはサポートボートのメイトとしてニッポンチャレンジ入り。ボートドライバー、ダイバーとして活躍するかたわら、クルー同様トレーニングを続け、2000年の挑戦ではセーリングチーム入りを果たした。その間、ブロックアイランド、ケンウッドカップ、ジャパンカップにも出場するなど、たゆまぬ努力で自らのスキルアップを続けた。

身長184cm、体重94kgの恵まれた体格は、キールボートには不可欠なパワーを発揮。〈ベンガル２〉でのトランパックレース出場など、本格的な外洋レースもこなす。

溢れる気合いと冷静な動作は、まさにピットマンに打ってつけの男。

現在は（有）ヒラノ・マリン・サービスを主宰し、ラグーナ蒲郡を拠点にヨット、ボート、ウェイクボードなどの体験乗船、ヨット、ボートの整備を行っている。

バウマン

伊藝徳雄

Igei Norio

（1972年、本籍地沖縄）

ＹＭＣＡ海洋科専門学校卒業後にヨットレース活動を開始。油壺に住みながら武者修行を行い、96年には故・南波　誠氏率いる〈アオバ・エクスプレス〉（マム36）でアメリカサーキットに参加。世界レベルのセーリングを経験する。97年に行われたニッポンチャレンジ2000クルーセレクションでは500人中3名という狭き門を突破し見事合格。オークランドで行われたルイ・ヴィトン杯で、バウマンとしてレース出場を果たす。スピーディー＆パワフル、なおかつ無駄のない動きでバウデッキ作業をこなす。バウマンに一番重要なのは、他のクルーからの信頼だが、若手ナンバーワン・バウマンの名高いこの男が、クルーワークの秘訣を伝授してくれる。現在は、Igei Yacht Service/HARKEN JAPAN Eastの営業を開始しセーリングコンサルティング、ヨットスクール、各種工事、ギアの販売など手広く行っている一方、ユニクロ・モデルデビューを果たした。

（Igei Yacht Service TEL/FAX 0468-75-2570 igei100@attglobal.net）

船体各部の名称とヨット用語

言葉というものは生きている。ヨット用語もそうで、ある地域、ある人達の間では常識的に使われている言葉も、別の地域、別の人達の間では非常識な用法であったりする。

たとえば「ドッグハウス」。デッキの上に出っ張っているキャビンの屋根のことを通常こういう。ところが、これは日本独自の言い方で本来は「コーチルーフ」が正しいらしい。「ドッグハウス」というのはコーチルーフの後端部分のさらに一段出っ張っている部分のことなのだそうだ。

確かに、筆者もよく利用するヨット用語辞典『The Sailing Dictionary』でもそう記載されている。でも、普通日本のセーラーは「コーチルーフ」なんて言い方をする方が少ないと思う。

過日、アメリカでアメリカ人とレースボートに乗っている時、その部分、つまりKAZI誌の表記規定ではコーチルーフと呼ばれるデッキの出っ張り部を指さして「ここは何というの？」と聞いたみた。すると同乗していたクルー達は全員考え込んでしまった。いずれもアメリカズカップ出場経験のあるクルーであったり造船所の従業員であったり、アメリカでもヨットの本場と言われる東海岸出身の猛者揃いである。ところが、その部分の名称が出てこないのだ。

「コーチルーフ？」とこちらから聞くと「いや、そうは言わないなぁ」ともめていたのだが、最終的に一番年長の造船所の営業マンが「ドッグハウスでいいんじゃない？」と宣言し、そこは「ドッグハウス」である、ということに落ち着いた。レースボートの「その部分」である。窓もない流線型の出っ張り部分である。それでもドッグハウスで間違いではなさそうなのだ。

と、つまりヨット用語というものは、これほどあやふやなものである。アメリカでこうだから日本でもこうでなければ間違っている、ということもないのではないかと思う。

とはいえ、勝手にバラバラの用語を使っていたのでは急によその船に乗りに行った時にとまどうし、本を読んでも理解できない。

そこで、この用語集ではなるべく広い範囲にわたって使われている用語を並べてみた。「それは違う!!」という言葉もあるかも知れないが、しょうがないのだ。筆者の周りではこういう用語が使われているのだから。

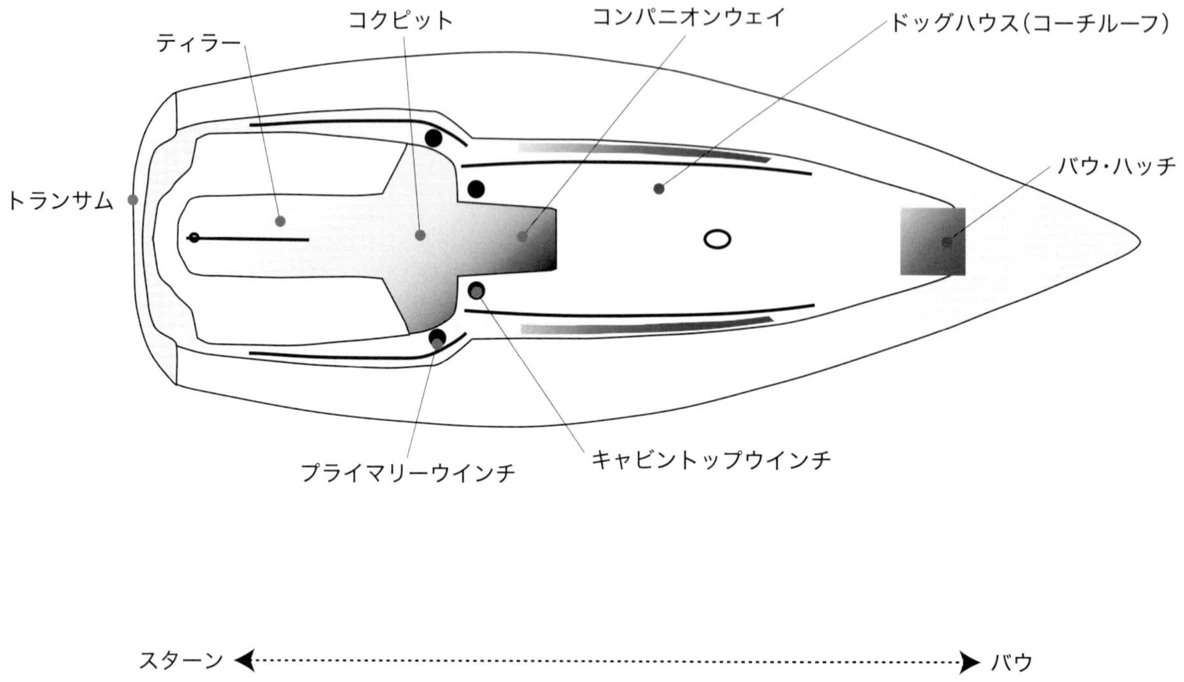

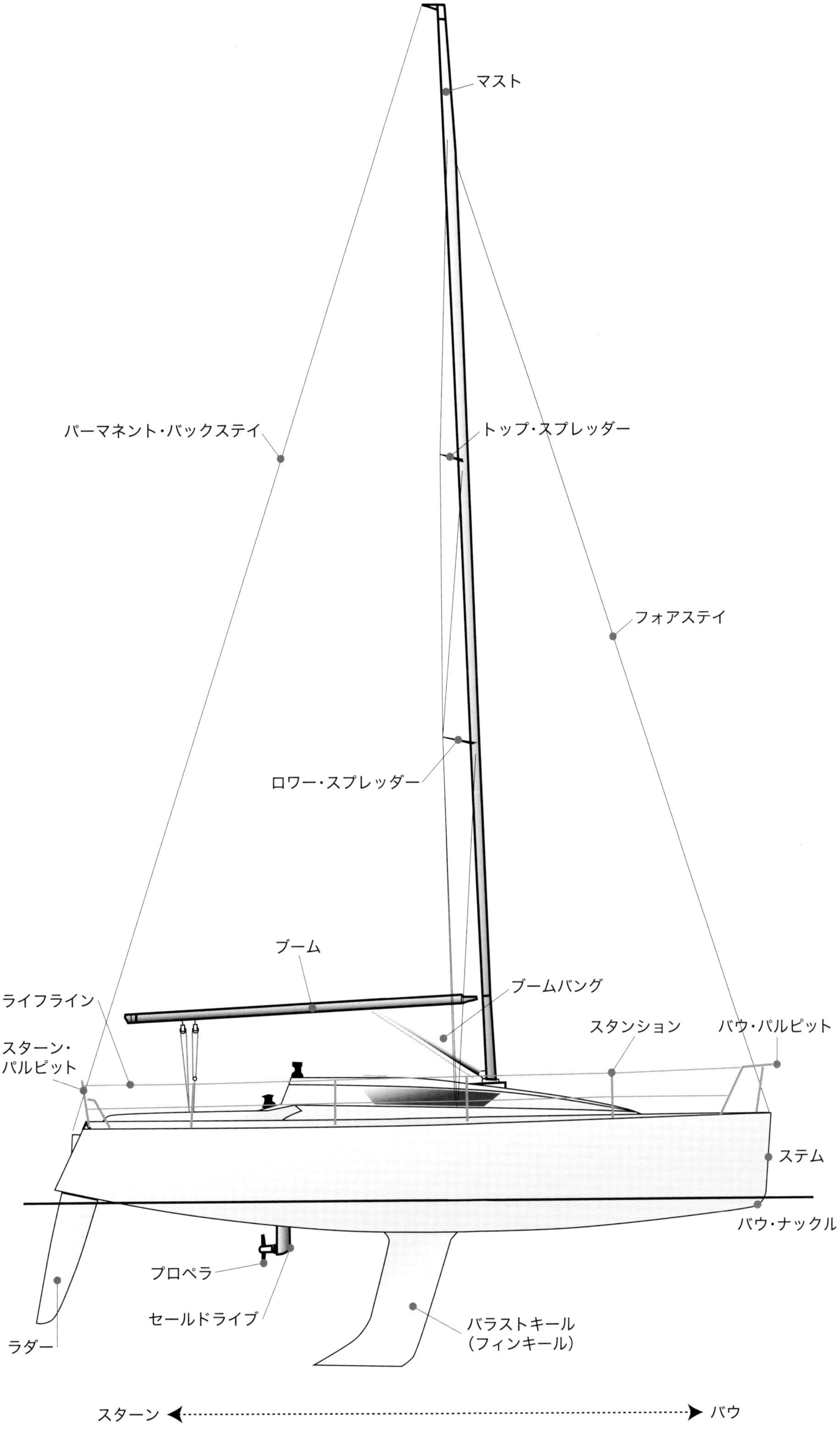
マスト
トップ・スプレッダー
パーマネント・バックステイ
フォアステイ
ロワー・スプレッダー
ブーム
ブームバング
ライフライン
スタンション
バウ・パルピット
スターン・
パルピット
ステム
バウ・ナックル
プロペラ
セールドライブ
ラダー
バラストキール
（フィンキール）
スターン
バウ

アウトホール【Outhaul】
メインセールのクリューを後ろへ引くコントロールライン。キャビントップかメインシートトリマーの手元にリードされ、メインセールのフットのテンションを調節する。ルーズフットタイプのメインセールでは、アウトホールが切れるとセール全体が大暴れし海上での修理が困難になる。バックアップ用にガスケットをつけておいた方がいい。

アップウインド【Up Wind】
風上に向けて走ること。風上航、上り(のぼり)、ビーティングともいう。

アフターガイ【After guy】
単にガイといえば、ポールのエンドに取り付けてポールを固定するラインのこと。この場合は、スピンポールを後方に引いて固定させるロープ。オーストラリア人はブレイス(Brace)という。訛るとブライスになる。スピンポールを前かつ下方向に引くのがフォアガイだが、どちらも単にガイと呼ぶことがあるので「ガイを緩めろ」と言うと混乱する。この場合は「ポールバック」とか「ポールフォワード」と表現すればよい。

アーリーポートドロップ【Eary Port Drop】
下マーク回航のパターンのひとつ。スターボードタックでのアプローチになるが、早めにポートサイドにスピンを降ろすのでこう呼ぶ。

イーズ【Ease】
シートを緩める動作。外人セーラーと一緒に乗る機会が多くなった1980年代から急速に普及した呼称。今ではもうほとんど日本語になりつつあるので覚えておきましょう。

イグジット【Exit】
マスト上部のハリヤード出口のこと。なかなか目が行き届かないが、チェックを怠らないようにしよう。特にワイヤーのハリヤードの場合、シーブ(Sheave、滑車)にガタがあるとその隙間にハリヤードが落ち込み、上がりも下がりもしなくなる。強風時にこうなると、ちょっと泣けてくる。

インデューサー【Inducer】
バテンを押し込む時につかう棒。セールを買うと付いてくる。なくさないように収納位置を決めておこう。……それでもよくなくすのだ。三浦半島では「バテンおっぺし棒」と呼ばれる。

ウインチ【Winch】
シートを引き込むための艤装品。カサは小さいけれど結構高価。丈夫なようで壊れる時は壊れる。船が大きくなるとウインチにもかなりの力がかかっているので、壊れて突然空回りをしたりすると大けがをすることもあり。トラブルの原因となるのは、内部にある小さな爪やスプリングなので、日頃の手入れが重要だ。
*セルフテーリング～
テーリングしなくてもいいような構造になっているウインチ。主にハリヤード用のウインチに使用。
*ペデスタル～【Pedestal】
大型のウインチになると、デッキから直立した台座にウインチハンドルが2つ付き、両手で、あるいは対面した2人で同時に回すことができる。コーヒー・グラインダーとも。ペデスタルは本来直立する台座のことで、ラットを支持する台座もペデスタルだ。

取り付けられる場所によっても呼び方が変わる。
*プライマリー～【Primary】
主に使われるウインチ。ジブシート、アフターガイ、時にスピンシートもこれを使う。
*キャビントップ～　またはハリヤード～
キャビントップのコンパニオンウエイの両側に付くウインチ。主にハリヤード用に使用。
*セカンダリー(Secondary)～
プライマリー(主)に対してのセカンダリー(補助)。キャビントップ・ウインチのことを指すことが多い。

ウインチハンドル【Winch handle】
ウインチを回すためのハンドル。いろいろな種類がある。アームの長短、グリップが1つのものもあれば2つグリップが付いていて両手で回すことができるものもあり。ストッパーが付いていて船がヒールしたりシートが引っかかっても抜け落ちないようになっているものが主流。水に浮くものもある。が、レース中落としたウインチハンドルを拾いに戻るわけにも……。

ウエザーヘルム【Weather helm】
風上に切り上がろうとする船の性質。通常、若干のウエザーヘルムが出るように設計されている。風が強くなってオーバーヒールするようになると、ウエザーヘルムも強くなる。メインセールの風を逃がして調節しよう。⟷リーヘルム

エンドツーエンド【End to end】
スピネーカージャイブの方式のひとつ。

オーバーラップ【Overlap】
重なること。船と船が重なった状態にあるときも「オーバーラップする」といい、ヘッドセールがメインセールに重なるくらい大きい時も「オーバーラップジブ」という。重なりのないジブを「ノン・オーバーラップジブ」という。

オーバーレイド【Overlaid】
ウインチに巻いたロープが噛み込んでしまうこと。

かざかみこう【風上航】
風上へ向かって走ること。→クローズホールド、ビーティング、アップウインド

かざかみまーく【風上マーク】
コースの風上側にある回航点。上マーク(かみまーく)、トップマーク、ウエザーマーク。

かざしもまーく【風下マーク】
コースの風下側にある回航点。下マーク(しもまーく)、ボトムマーク、リーワードマーク。

ガスト【Gust】
突風。風の強い部分。日本ではパフと呼ぶことの方が多いが、英語圏のセーラーはガストの方が多いかも。というより、ニュージーランド人に「パフじゃねーよ、ガストだよ」と言われたことがある。アメリカ人にはシュートと呼ぶ人もいる。とにかく何でもいいから、チームの中でなんと呼ぶか統一しておきたい。

カニンガムホール【Cunningham hole】
メインセールのラフを下方向に引くコントロールライン用の穴。ダウンホール。「カニンガムを引く」といえば、ここにリードされたコントロールラインを引いてメインセールのラフにテンションをかけること。カニンガムホールのホール(Hole)は穴のことで、アウトホール(Outhaul)のホール(Haul)は引っ張るの意味で、引っ張るロープのことになる。……と、スペルを調べていて気が付いた。さらにカニンガム氏という人が考え出したところから、こう呼ばれるらしいということも知りました。

がむて【ガムテ】
ガムテープの略。茶色い布製の荷造りテープのことだが、アメリカのガムテープは銀色をしていてダクトテープ(Duct tape)という。日本の物より強力で弾力もあるので、我が国でもレースボートにはよく使われる。これを「ギンテ」と呼ぶこともあり。品揃えの多い船具屋で売っている。

ギア【Gear】
広い意味で道具。デッキに備えてつけてあるものは「デッキギア」だし、ユニフォームは「クルーギア」。ウインチの中の歯車も「ギア」という。

ギアラウンド【Gear round】
スピンシート、アフターガイ、スピンハリヤードを束ねて反対舷に回すこと。この場合の「ギア」はシャックル類のことになるわけですね。

キャストオフ【Cast off】
ウインチに巻き込まれたシート類を一気に放す動作。ダンプとも言う。

グースネック【Gooseneck】
ブームの付け根の艤装品。強風下でジャイビングに失敗するとここが壊れやすい。こいつが壊れるとレース続行が困難になる。

クランク【Crank】
ウインチを巻く動作。ウインチを巻く人は「クランカー」「クランクマン」というが、英語圏のセーラーは「グラインダー」と呼ぶ方が多い。同様にスピントリマーがクランカーにウインチを巻くよう指示する時は「クランク!!」と叫ぶことが多いが、英語圏のセーラーは「トリム!!」と叫ぶ。スピンが潰れて目いっぱい巻かなきゃならない時は「ビッグトリム!!」という。

クリュー【Clew】
セールの後端。アウトホールが付く穴が空いている。……って、知ってますよね。

クレビスピン【Clevis pin】
ターンバックルや時にはシャックルを留めるためのピン。頭が潰れていて、反対側には小さな穴が空いている。この穴にコッターリングかコッターピン(ワリピン)をさしてロックする。

クローズホールド【Close-hauled】
風上に向かって走ること。→風上航。上り(のぼり)。地域によっては「ツメ」とも。目的地までタッキングを繰り返さないとたどり着けないような場合を真上り(まのぼり)、ビーティング、マッツメなどと呼び、タッキングしなくてもそのまま目的地にたどり着けるような場合を、片上り(かたのぼり)という。

ゲートマーク【Gate mark】
風下マークを2つ設け、どちらを回ってもよいとしたもの。普通のソーセージコースじゃ物足りなくなったら、こいつをお試しを。

ゲージ【Gauge,Gage】
間隔。主に他艇との間隔をゲージといい、たとえばクローズホールドでは上り角度がよければ互いのゲージは開いていく。クルーはただボーっと乗っていないで、ライバル艇とのゲージに注目。ヘルムスマンにコールしよう。

ゲイン【Gain】
利益を得ること。レースでは他艇との位置関係においての利益をいう。「ゲインする、ゲインされた、ゲインしようぜ、ゲインしやがった」と用いる。すごいゲインは「ビッグゲイン」。「超ゲイン」とは言わない。

ケブラー【Kevlar】
1960年に開発されたアラミド繊維の商標。伸びが少ないのでレース用のセールやロープ類に用いられる。

コッターリング【Cotter ring】
クレビスピンを留めるためのリング。キーホルダーなどに使われているのと同じ。各種サイズあり。普通はリングピンと呼んでしまっているが、これ英語的にはちょっとおかしいかも。

コッターピン【Cotter pin】
いわゆるワリピン。タコの足のように両方をグニャーと曲げて使う人がいるが、片方だけを30～40度曲げて使うのが正しい。スピネーカーを引っかけて破かないように、シリコンやビニテでカバーしておこう。

コンパニオンウェイ【Companionway】
キャビンからコクピットへ通じるハッチ部分のこと。軽風～中風時は開けっ放しで、強風時は閉じておくことが多い。ハリヤード類は、ここからキャビン内に落とし込んでおく。

コンベンショナルドロップ【Conventional drop】
下マーク回航のパターンのひとつ。その名の通り"月並みなパターン”。反時計回り（ポートラウンディング）なら、右舷側にスピンを降ろしてそのままマークを回り上っていくこと。

サイドステイ【Side stay】
マストを横方向に支える索具。ワイヤーあるいはロッドが使われる。アッパーステイはV（vertical）、あるいはキャップシュラウドと呼ぶ。他に、ロワーステイ、インターミディエイトステイなどがあるが、こちらはスプレッダーの数が多くなるといちいち名前をつけていたのではワケが分からなくなるのでdiagonalの略で、下からD1、D2と呼ぶ。それぞれターンバックルで微調整が可能。ステイは、シュラウドともいう。

サークリング【Circling】
円を描いて船をぐるっと回すこと。スタート前や、ペナルティーの履行などで行う。

さんてん【3点】
スピネーカーのピーク、タック、クリューのこと。

ジブシート【Jib sheet】
ヘッドセールを調節するためのロープ。

ジブシートリーダー【Jib sheet leader】
ジブのサイズや風速に合わせて、ジブシートのリーディング位置を変えるためのリードブロック。フェアリーダー。レールの上に可動式のブロックが付いているので「ジブカー」、単に「カー」とも呼ばれる。

ジブ【Jib】
マストより前に展開するセールをヘッドセールという。中でもアップウインドで用いる三角帆をジブと呼ぶ。ジブセールとは言わないようだ。→ジェノア

ジェノア【Genoa】
メインセールにオーバーラップする三角帆。風速に合わせてライトジェノア、ミディアムジェノア、ヘビージェノアなどがある。オーバーラップしないものも含めてジブと呼ぶ場合もあるし、J/24クラスでは、オーバーラップしないセールを「ジブ」、オーバーラップするものを「ジェノア」と呼び分けている場合もある。

シャックル【Shackle】
いわずもがなの接合用部品。ネジで留めるタイプと、ワリピンで留めるタイプがある。サイズや形も様々なので、適材適所で選ぼう。またビニールテープやケーブルタイを使って空転止めをするのを忘れずに。勝ちを逃がすトラブルは、こうした所からやってくるのだ。

ジャイブ【Gybe or Jibe】
説明するまでもないと思う。あえていうなら下手回し。

ジャイブセット【Jibe set】
上マーク回航のパターンのひとつ。マークを回り、ジャイブしながらスピンを揚げる。

ジョー【Jaw】
スピンポール先端にはパロットビークと呼ばれる部品が付いている。オウムのくちばしに似ているからそのように呼ぶようだ。パロットビークの顎のようになった部分をジョーと呼ぶクルーもいる。「ジョーかます」といえば、この部分にアフターガイをかけることをいう。スピンアップの前には「ジョーかまし」を忘れないように。

ショックコード【Shock cord】
簡単に言えばゴムひも。いろいろな太さがある。用途も多様。普通に舫い結びをしたのではツルンとほどけてしまうことがあるのでご注意を。

シリコンシーラント【Silicone sealant】
防水用の充填材。単にシリコンといったらこれ。ただし、さまざまな種類があるので注意。特に付けすぎるとベトベトになるので要注意。また、似たような容器に入っていても、シーカフレックスという商品は非常に接着力が強く、一旦固まると剥がせなくなるので、用途によっては途方にくれることがある。適材適所で選ぼう。

シートバッグ【Sheet bag】
ハリヤードやコントロールロープの余っている部分を押し込んでおくバッグ。コクピット壁面やコンパニオンウエイに付いている。飲み物や日焼け止め、脱いだ帽子など、なんでもかんでも押し込める魔法の袋。

しんのかぜ【真の風】
実際に吹いている風。トゥルーウインド。⟷見かけの風

スウェプトバック・スプレッダー【Swept-back spreader】
スプレッダーはサイドステイを横方向に張り出し、強度を増すためのもの。それがスウェプトバック、つまり後退角を持っているということ。中間リグでランニングバックステイのないリグではこのスウェプトバック・スプレッダーが付いており、後ろ方向にも強度を出すようになっている。

スクイーズ【Squeeze】
クローズホールドを超えて風上に切り上がっていく動作。最新のルールでは「タッキング」という言葉は出てこないが、本来タッキングとは風位を超えてからクローズホールドのコースにベア・アウェイするまでをいう。つまり、スクイーズの動作をしても、タッキングには至らないで再びベアアウェイして元のコースに戻ることもあるからだ。

スターボード【Starboard】
右舷側のこと。「スターボ」とか「スタボー」とか、いろいろに縮めて使う。「右」、「左」はあまり使わない。

ステイ【Stay】
マストを支える索具。スタンディングリギン（静索）あるいは縮めてリギン。シュラウドともいう。クルージングボートの場合、切れにくい（切れかけているのをチェックしやすい）のでワイヤー製だが、レースボートでは伸びにくいのでロッドが用いられることが多い。フォアステイ、サイ

ドステイ、バックステイなど、それぞれ名前が付いている。←→ランニングリギン

スティッキーバック【Stickey-back】
裏紙をはがして貼り付けるモノをこう言うようだが、ここではセールリペアクロスのこと。ポリエステル製、ナイロン製、カラーやサイズもいろいろ。

スナップシャックル【Snap shackle】
シャックルの中でも、道具無しで開閉できるもの。ハリヤードエンドなどに使用。特に片手で操作できる物をワンハンドスナップシャックルとか、メーカー名から「ギブ」「スパークラフト」などと呼んだりもする。

スナッチブロック【Snatch block】
開閉式のブロック。シートのリーディングアングルを変えたり、予備のブロックとして活躍。

ストレートチェンジ【Straight change】
ヘッドセールチェンジのパターンのひとつ。まっすぐ走りながらセールチェンジをすること。←→タックチェンジ

スニーク【Sneak】
元々は「こそこそ動く」というような意味だが、シートやハリヤードのたるみを取る動作を「スニーク」という。じわじわ引く感じも。

スパー【Spar】
マストやブームなどの棒材全般をいう。マストメーカー＝スパーメーカー。ボートフックやデッキブラシの柄までをスパーと言うのか否かは不明。

スピンシート【Spinnaker sheet】
スピネーカーをトリムするための風下側のシート。

スピンバッグ【Spinnaker bag】
スピネーカーを入れておくためのバッグ。丸い物、四角い物など各種あり。レースに使うなら、四角いタイプが主流。

スピネーカー【Spinnaker】
追い風用のヘッドセール。「スピネーカー」「スピン」「カイト」「丸いの」など呼称のバリエーションは多い。あるいは「コンマナナゴー」「コンマゴ」といったクロスの厚みや、「オールパーパス」「ランナー」などのデザインの違いをそのまま用いる場合もある。

スピンホイスト【Spin hoist】
スピンを揚げる動作。作業。なんだか血が湧き、肉躍る瞬間。

スピンポール【Spin pole】
スピネーカーのタック側を支える棒。スピネーカーポール。トッピングリフトとフォアガイで支えられる。アルミ、カーボン等の材質でできている。長さはルールで決まっている。単に「ポール」といったらスピンポールのこと。指パッチンはポール牧だ。

スプライス【Splice】
ロープとロープを繋いだり、ロープのエンドに輪を作ったりするための編み込み。

スプレッダー【Spreader】
サイドステイを左右に広げてマストとなす角度を稼ぐための補強棒。最低一対。数が多いほど偉いレーサーだとされてきたが、最近は数が減る方向にある。

すろっとこうか【スロット効果】
狭い隙間を流れる流体の速度が速くなるという現象。メインセールとヘッドセールの間の隙間を上手に使ってセールのパワーを最大限に引き出そう。

セールタイ【Sail tie】
セールを縛り付ける細紐。平織りで長さが2mほどの物を特に「セールタイ」と呼んでいる。英語圏のセーラーは、ガスケット(gasket)と呼ぶことの方が多い。

セールチェンジ【Sail change】
走りながらヘッドセールを交換する作業。ジブならジブチェンジ。スピネーカーの場合はスピンチェンジ、スピンピールと呼ぶ。

セールバッグ【Sail bag】
1:セールを入れるバッグ。いろいろな形がある。スピネーカーを入れるバッグはスピンバッグと呼ばれ区別されることが多い。2:セールクロスでできた私物入れのバッグ。

ソーセージコース【Sausage course】
風下マークと風上マークをくるくる回るコース。一昔前まではサイドマークを加えた三角コースが主だったが、最近はこちらが主流。ウインドワード／リーワード、上下(かみしも)ともいう。

ソーセージバッグ【Sausage bag】
セールバッグのひとつ。フットに沿って畳んだセールをそのまま入れる細長いもので、レース艇に使われるのはこれがほとんど。

ターゲットボートスピード【Target boat speed】
真風速によって目標となるボートスピードを決め、それを元にセールのトリム及び帆走角度の調節をする。その目標となるボートスピード。

タック、タッキング【Tack,Tacking】
通常、「タッキング」は風上に向かって方向転換することをいう。縮めて「タック」ということの方が多い。これは動詞としての「タック」で、名詞で「タック」といえばどちらかから風を受けて走っている状態を指す。ポートタック、スターボードタック。

タックセット【Tack set】
上マーク回航のパターンのひとつ。タッキングしながら上マークを回り込む方法。風上マーク2艇身以内でのタッキングは、ルール上かなりリスクがあるので、割と出番は少ない。

タックチェンジ【Tack change】
セールチェンジのパターンのひとつ。タッキングしながらセールチェンジする。

ダウンウインド【Down wind】
風下に向かって走ること。風下航、追っ手、フリー。最近は「ダウンウインド」ということが一般的かも。

ダウンビロウ【Downbelow】
キャビンのこと。レース艇ではあまり「キャビン」という言い回しはしない。デッキの下は「ダウンビロウ」だ。微風時はデッキに最小限のクルーを残して（残りのクルーはキャビンに引っ込み）重心を下げ重量を集中させるが、これを「ダウンビロウ」と動詞のように用いることもあり。セールチェンジして降ろしたセールは「ダウンビロウな」などとも用いる。

タフラフ【Tuff Luff】
レーサー必携のヘッドフォイルの商品名。フォアステイに取り付け、2本のグルーブを使ってヘッドセールを上げ下げする。軽量、丈夫で、現在敵無しのシェアを誇る。クラスルールでヘッドフォイルの使用が禁止されている場合はハンクスでセールを取り付けるようになる。両者にセールの互換性はない。

ツイーカー【Twing、twang or twinning line】
スピネーカーシートのリード角を調整するためのロープ。バーバーホーラー（Barber hauler）というと、ジブシートのリード角を変えるものをいう。

ディップ【Dip】
ちょっと降ろしてすぐに持ち上げるような動作を指すが、ヨットで「ディップする」といえば、スターボード艇を避ける時にちょっと落として敵の後ろをかわす動作をいう。

ディップポール【Dip pole】
スピンポールの艤装スタイルのひとつ。マスト側は常に固定で、ジャイビング時は根本を上げて先端を振るスタイル。

テークル【Tackle】
滑車とロープを組み合わせた滑車装置。動滑車1つで力は2分の1に、引っ張る距離は2倍になる、と小学校で習いましたね。レースヨットは人力のみで動かさなくてはならないので、ウインチとテークルは必須のデッキギアなのだ。

テーピング【Taping】
ビニールテープや時にはガムテープを巻き付けること。とがった部分でセールを破いたり、シャックル等がゆるまないための処理。テープは紫外線で劣化するので、放っておくと汚らしくなるのでご注意を。

テーリング【Tailing】
ウインチに巻き付けたシートを引っ張る動作。引っ張る役のクルーは「テイラー（Tailer」。単にテイル（Tail）と言えばしっぽ。ワイヤーハリヤードのエンド部分をテイルというし、ランナーのエンド部分は「ランナーテイル」となる。

テンション【Tension】
張力。ヨットでは、セールにもステイにもテンションがかかっており、その多少がボートスピードに大きく影響するのである。ラフテンション、リーチテンション、あるいはバックステイテンションなど、あらゆるところで使われる。乗り手のテンション（緊張）も重要な要素であるからして、ヨットレースというものは、あらゆるテンションとの戦いなのかもしれない。

トッピングリフト【Topping lift】
スピンポールやブームを上方に引っ張る動索（ランニングリギン）のひとつ。実際には、レース艇にはブーム用のトッピングリフトが付いていることは希なので、トッピングリフトというとスピンポール・トッピングリフトを指すことの方が多い。縮めて「トッパー」と呼ばれることの方が多いかも。

ドライブ【Drive】
クローズホールドで若干下し気味に走り、角度よりもスピードをつけて走ること。←→ピンチ

ドラフト【Draft】
1：吃水。船の最下点から水面までの垂直距離。
2：セールカーブで「ドラフト」という言葉がよく使われるが、いざ、どういう意味かと改めて文字で説明するのは結構難しい。『The Sailing Dictionary』によれば、「The flow, camber or fullness of a sail」とあり、これも訳すのが難しい。ま、セールカーブのことと思っていただければよろしいかと思われます。「ドラフトが深い」とか「ドラフトの中心が……」などと使われる。ちなみに、プロ野球で新人を振り分けるのも同じDraftである。

トリム【Trim】
調節すること。セールトリムといえばセールカーブの調節のこと。船の（主に）前後方向の傾きのこともトリムという。釣り合い。セールトリムを担当するクルーは「トリマー」。で、スピントリムで単に「トリム」と言ったら引き込むこと。←→イーズ

ナックル【Knuckle】
本来は関節とかげんこつのことだが、バウナックルといえば、船首付近のステムから船底にかけて強く曲がっている部分のこと。

ナンバースリー【#3】
ヘッドセールで一番大きなジェノアをナンバー1とすると、ナンバー2の次がナンバー3。オーバーラップのないいわゆる「レギュラージブ」サイズのセールを指す。しかしナンバー1には、ライト、ミディアム、ヘビーとあり、さらにはミディアム／ライトとか、ミディアム／ヘビーといったその中間があったりする。しかも、ナンバー2は持たず、ヘビーの次がナンバー3だったりする。おまけに最近のワンデザイン艇では一番大きなセールでもオーバーラップがないレギュラージブサイズであったりもし、もうワケが分からなくなってきている。そこで、一番軽風

用のセールから、コード１、コード２、コード３、と呼ぶこともある。

ハイクアウト【Hike out】
デッキサイドから身を乗り出し、クルーの体重で船のヒールを押さえること。キールボートでは、下腹部分をライフラインの下段に当てて足と上体を舷外に出して体重をかける。デッキと船体の境目を「レール」と呼び、「レールに座る」なんていう表現をする。

バウ【Bow】
船首部分一帯のこと。船首そのものはステム（Stem）。バウにあるハッチはバウハッチ。バウ作業を行うクルーはバウマン。バウマンの仕事はバウワーク。

バウダウン【Bow down】
船首を風下側に振ること。ジャイビングの時など、ヘルムスマンは舵を切り始めたら「バウダウン」のコールでクルーにアクションが始まったことを教えてやろう。逆に、クルーが前方に蛸壺などの障害物を発見したときには、バウダウンとかバウアップとか具体的に避けるためのコースをヘルムスマンに教えよう。⟷バウアップ

バウンス【Bounce】
体全体を使って、マスト部分でハリヤードを引く動作。

ハッチホイスト【Hatch hoist】
バウハッチ（あるいはコンパニオンウエイハッチ）からスピンを展開する方法。⟷バッグホイスト

パッチ【Patch】
1:あて布。セール等で、力がかかる部分の補強材。
2:部分的にある風の強い区域。

バテン【Batten】
薄くて細長い板のこと。ヨットの上ではセールのリーチ部分を支えるためにバテンポケットの中に入れるグラスファイバー製のもの。テーパーになっていて、前の方が薄い。ヘッドセールでもオーバーラップの無い物にはバテンが入っていることがある。畳む際は折らないように注意しよう。

パーチェス【Purchase】
てこや滑車を利用して増力するような装置。滑車（ブロック）とシートを利用したテークル（Tackle）など。「パーチェスを増やす」というと、ブロックを増やして、よりパワフルにすることを表している。

パフ【Puff】
周りより強く吹く風。＝ガスト。「パフ・スリー！」というのは、あと3艇身でパフが船に届くの意。船に達したら「パフ・オン・バウ」だ。が、筆者は結構いろいろな外国人と一緒に乗ってレースに出たが、こういう言い方はあまりしないみたいでもある。

パーマネントバックステイ【Permanent back stay】
マストを後ろ方向に支えるのがバックステイ。ランニングバックステイに対して、マストヘッド部から後ろへ伸びるのがパーマネントバックステイ。単に「バックステイ」あるいは「パーマネント」と呼ばれる。

ハリヤード【Halyard or Halliard】
セール（あるいはスパーや旗など）を引き上げるためにマスト上部から伸びるライン。レース艇の場合、今は大型艇であってもケブラーやスペクトラなどの化学繊維が用いられワイヤーはほとんど使われていない。用途によってジブハリヤード、メインハリヤードなどがある。それぞれジブハリ、メンハリと略す。最近の艤装ではジブハリ、スピンハリの区別はなく、センターハリと左右のウイングハリ（それぞれをポートハリ、スターボハリという）の3本を状況に応じてジブハリ、スピンハリ、時にはトッピングリフトに使う。

パロットビーク【Parrot beak】
スピンポールのエンドに取り付けられたオウムのくちばし状の金具。「パロットピーク」と勘違いしていることが多いが「ビーク（Beak）」が正解。ただし『The Sailing Dictionary』にはParrot beakなんて載っていませんでした。英語圏では「Piston end fitting」というのが正しいらしい。

びにて【ビニテ】
ビニールテープの略。ヨットの上では各所で使われる。クルージング艇ではあまり使われないようで、「何でレースの人はビニテをこんなに使うの？」とマイアミのマリンショップで店員に聞かれたことがある。

ヒッチマーク【Hitch mark】
結び方の1つクラブヒッチのヒッチも同じHitchだが、こちらは風上マークに設けられたもう１つのマーク。オフセットマークともいう。風上マークから真横に50～100mほど離れた所にあり、これを回ることによって無用な混戦を防ごうというもの。

ピッチング【Pitching】
船首と船尾が上がり下がりするような船の動き。縦揺れ。野球で投手が打者に向かって投球するのも同じピッチング。何故この２つが同じなのかは不明。ローリングは横揺れ。

ピット【Pit】
本来はコクピットのピットなのだろうが、ピットマンといえば、ハリヤードの上げ下げを司る司令塔。目の前に並ぶジャマーがピアノの鍵盤のようなので、「キーボード」と呼ぶこともあり。カーレースでピットマンというとタイヤ交換などをする人達を指すので、ヨットでもピットマンは桟橋で待機していてトラブルの時に対処する一団だと思っている銀座のホステスもいる。が、これは間違い。

ピーク【Peak】
セールの上端。→タック、クリュー

ビート【Beat】
タックを繰り返しながら風上に向かうこと。ビーティング。

真上り(まのぼり)

ピンエンド【Pin end】
スタートラインにおける風下側のマーク。スタートでは通常スターボードタックでラインを切るので、風上に向かって左側が風下側になる。ピンエンドの際からのスタートを「下１(しもいち)」といい、風上側(本部船側)の際から出れば「上１(かみいち)」となる。

ピンチ【Pinch】
通常のクローズホールドのコースよりほんの少し風上に向けて走ること。スピードは落ちるが高さは稼げる。他艇との位置関係から戦術的にとることが多い。

ピンホール【Pin hole】
小さな穴。通常はスピネーカーに生じるものを指す。セールトリムをしていると見つけることができる。すぐに場所をメモをしておいて、降ろしたらすぐに修理すること。小さな穴が、やがて大きなトラブルに発展するのである。

VMG【ぶいえむじー】
Velocity Made Goodの略。風上に向かう速度成分。スピネーカーの種類でVMGというと、多少上らせてスピードを付けて走るような時に使うスピンのこと。

フィッティング【Fitting】
船の構造物以外で船体やデッキ、マストなどに取り付けられた部品の総称。デッキに付いているものはデッキフィティング、マストに付いているものはマストフィッティングということになる。

フィーダー【Feeder】
セールのボルトロープがスムースにグループに入っていくようにガイドする部品。そのフィーダーへリードするための部品がプレフィーダー。

フォアステイ【Forestay】
マストを前方に支えるステイ。ヘッドステイ(Headstay)ともいう。ランナーのついていない中間リグの艇では、コンディションによってフォアステイの長さを変え、リグのテンションを入れたり抜いたりする。スタート前に海上で行うこの作業はかなりメンドクサイのでバウマン泣かせである。

フォアガイ【Foreguy】
ポール類を前方向に引っ張るものはみなフォアガイと呼ぶようだが、ここではスピンポールを前下方向に引くロープ。単にガイというとアフターガイを指すことが多いかもしれないが、コウフンしてくるとどちらもガイと呼び捨てになるので注意。←→アフターガイ

フット【Foot】
セールの下辺。

プライマリーウインチ【Primary winch】
主に使うウインチで、ジブシート、アフターガイ、時にはスピンシートにも用いる。たいていは一番大きなウインチ。

フラクショナル・リグ【Fractional rig】
フォアステイがマストトップから出ているものをマストヘッドリグといい、そうでないものをフラクショナルリグという。レース艇ではこちらが主流。ミドルリグ、中間リグ、カンチャンリグなどとも呼ぶ。フラクショナルリグには「ランナー付き」と「ランナー無し」があり、「ランナー無し」の場合はスプレッダーがスウェプトバックする。本書の対象であるクラブレースでは、この「スウェプトバック・スプレッダーのフラクショナルリグ」が主流だ。

フロートオフ【Float off】
下マーク回航のパターンのひとつ。

ブローチング【Broaching】
強風のダウンウインドで、船のコントロールが効かなくなって風上側に切り上がってしまうこと。大きくヒールし時には横倒しになることもあり。ブームが水をすくいメインセールから風が逃げることなく、スピンも水没してしばらく起きあがらなくなり……。悪夢だ。

フレーク【Flake】
1:シート類(とりわけハリヤード)がからまないように、エンドから8の字上に捌くこと。
2:セールをフットから交互に畳むこと。ブームから外したメインセールは折り目が付かないようにフレークせずにロールしておくことも多い。

ブロック【Block】
滑車。形状、大きさや材質などさまざまなものがある。適材適所が肝要である。レースボートにおいて、大は小を兼ねない。

ブームバング【Boom vang】
ブームがセールにかかる風圧で持ち上がらないよう、下方向に引く艤装。単にバングともいう。以前は油圧のものもあったが、今はほとんどロープ＆ブロックのテークルになっている。パイプとバネの力でブームがデッキに落ちてこないような仕組みになっている商品も多く、レース艇でも広く使われている。ポールを下に引く装置として、フォアガイも含めて「キッカー」「キッキング・ストラップ」という人もあり。

ベアウエイセット【Bear away set】
上マーク回航のパターンのひとつにして、基本形。

ヘッドセール【Headsail】
マストの前に展開するセールの総称。雰囲気的にはスピネーカーはヘッドセールに入るようだが、ルール(RRS)によってアップウインド用セールとは別に定義されている。

ペナルティー【Penalty】
ルール違反に対する罰則。ルール違反＝即失格では、ちょっとかわいそうであるということで、この罰則を履行することで罪一等を減じる、という大岡裁き。通常は、その場で720度回転するか、Ｉ旗等を揚げて罪を認め20%分順位を減じてもらう。……と、これは艇と艇が出合ったときのルールに違反した場合で、たとえばあまり

にも風がないのでエンジンをかけて小１時間走った後720度回転しても許されるものではない。

ベルクロ【Velcro】
バリバリっと剥がすあれ。マジックテープ。ロープ類を仮止めしたり、工夫次第でいろいろ使える。

ホイスト【hoist】
1:巻き上げる動作。ハリヤード～：ハリヤードを揚げること
2:セールの縦の寸法。フルホイストといえば、本来のマストにフィットするサイズを指す。ストーム用のセールなどはフルホイストではない。

ポート【Port】
船首方向を見て左側の意。左舷。取舵（とりかじ）。船の上ではあまり右、左とは言わない。ポート、スターボ、あるいは上（かみ）下（しも）だ。

ポール【Pole】
通常ヨットの上でポールといったら、スピンポールのこと。いちいち「スピンポール」とはまず言わない。単に「ポールセット」「ポールバック」だ。ただし大型艇になると、アフターガイに角度を付けるため横方向に押し出す「ジョッキーポール（Jockey pole）」を使うこともあり。また、小型の艇でマストを立てる時に使う短い支持檣を「ジンポール（Gin pole）」という。

ポールエンド【Pole end】
スピンポールのエンドのこと。アフターガイを挟む方のエンドに付いている金具をパロットビークという。本書ではエンドツーエンドジャイブを中心に解説しているが、この場合はスピンポールの両端は同じ艤装になっている。文章で言い表すのがなにかと煩雑なので、セール側をティップ、マスト側をエンドと呼ぶことにした。が、それでも煩雑なのでちょっと反省している。

マークラウンディング【Mark rounding】
上マークや下マークを回り込むこと。上マークではスピンを展開し、下マークではスピンを降ろす。ライバル艇との駆け引きなどもあり、クルーワークの檜舞台となる。まさに本書の中心的アクション。

マストジャッキ【Mast jack】
大型艇になると各ステイにかかるテンションは相当のものになる。ターンバックルで締め込むのはやっかいだし、焼き付き等のトラブルの元でもある。そこで、マストステップの部分に油圧のジャッキを設け、1インチほどのスペーサーを入れたり抜いたりする。スペーサーを抜くことによりリグ全体のテンションを下げ、その上でターンバックルでリグの調整をし、再びジャッキアップしてスペーサーを入れリグにテンションをかける。もちろん普段はジャッキは外してスペーサーだけを入れておくから安全。……というシステム。

マストチューニング【Mast tuning】
マストの調整は、ボートスピードの重要な要素だ。横方向にはまっすぐに。前後方向には傾けてみたり曲げてみたり、奥が深い。風速などのコンディションによっても微調整することがあるが、レース中は調整することが禁じられている。

マストハンド【Mast hand】
バウマンのすぐ後ろのポジション。マストマン。マスト部でハリヤードのホイストを担当。あるいは、バウマンやピットマンの手助けをする。レース中にバックステイによって行うマスト調整はチューニングではなく、トリムになる。

マストベンド【Mast bend】
主に前後方向のマストの曲がり。横方向は「サイドベンド」として区別する。マストベンドによってメインセールのカーブが違ってくるので、この調節がセールトリムのキモになる。一般的に、マストベンドさせるとメインセールのドラフトは浅くなる。

マストレーキ【Mast rake】
こちらは、マストの傾き。通常は後ろに傾いている。

マニューバー【Maneuver】
英和辞典によれば、「軍隊、艦隊などの機動作戦、作戦行動」あるいは「巧妙な手段、術策；策略」などとなっている。日本語にするのが難しいが、「スタート前のマニューバー」といえば、その船の動き（航跡）をいい、これには他艇との駆け引き（術策；策略）が含まれている。

見かけの風【みかけのかぜ】
アパレントウインド。無風状態の時でも、モーターボートで突っ走ると前から風を受ける。これが見かけの風。風を受けて走るヨットも、自分が走ることによって生じる風と実際に吹いている風の合成したものを艇上では感じている。クローズホールドでは風が強く感じ、ランニング時には風は弱く感じる。

ミディアムジェノア【Medium genoa】
メインセールにオーバーラップするジェノアのひとつ。オーバーラップするセールはそれぞれのクラスのルールで枚数に制限が設けられていることが多く、３枚持っていいなら、ライト、ミディアム、ヘビーの３枚ということになる。最大２枚と言われたらミディアム／ライトとミディアム／ヘビーを……と命名の仕方はやけに複雑になっている。基準というものがないので、ライト気味のミディアムなんてのもある。ややこしい。これらはジェノアにしかないので、単にミディアムといったら、ミディアムジェノアのこと。

メインセール【Main sail】
マスト後方、ブームの上に展開するセール。単に「メイン」といえばメインセールのこと。メンチャンという言い方もきわめて一般的であるが、由来は不明。ジブはジブチャンとは言わない。

ライトジェノア【Light genoa】
軽風用のヘッドセール。オーバーラップジブを持たないワンデザイン艇でも一番軽風用のセールはライト。この

あたりの各セールの呼称は多彩で、中にはそのチームのみでしか通用しないようなものもあり。女子高生がヨットレースをやっていたら「ラジェノ」とか略すかも。

ライフライン【Life line】
クルーの落水を防ぐため、デッキサイドに張り巡らされたワイヤー。高さや張り具合、ライフラインを支えるスタンションの間隔などはルールで決まっている。

ラフ【Luff】
1:セールの前縁。
2:風上に向かって方向を変えること。

ラル【Lull】
一時的に風が弱まること。用法:「ラルった」

ランナー【Runner】
1:ランニングバックステイの略。中間リグでスウェプトバック・スプレッダーでなければ左右一対のランナーがフォアステイのテンションを支えることになる。この場合、メインセールのじゃまになるので、タッキングやジャイビングの際には左右のランナーを入れ替えなければならない。
2:ランニング用のスピネーカー。ドラフトは深くショルダーが張っていてパワーがある。

ランニング【Running】
1:後ろから風を受けて走ること。
2:袖が無く襟ぐりの深いシャツ(ランニングシャツ)の略。レースヨットのクルーはどんなに暑くても何故かこれを着ない。何故だろう?

ランニングリギン【Running rigging】
動索。スタンディングリギン(静索)に対して、ハリヤード類をこう呼ぶ。通常、単に「リギン」といえば、スタンディングリギンを指すことが多い。

リグ【Rig】
マストやブーム、それを支えるステイ類を含めた一連の艤装及びそのスタイル。帆装。リギンといえば、マストを支えるワイヤー類を指す。リガーといえばそれらを製造、設置、あるいは整備する人。

リリース【Release】
止めてあるシート類を解き放すこと。イーズがゆるめるの意味であるのに対し、こちらは一気に出す感じ。キャストオフ、ダンプ(Dump)とも言う。ダンプカーのダンプだ。

リーチ【Leech】
セール後縁。

リーチング【Reaching】
クローズホールドでもランニングでもない状態をいう。が、このあたりの言葉の使い方は、昨今曖昧になっている。そもそもアビームとは真横から風を受けて走ることだが、実際にはアビーム状態の時にはボートスピードが非常に高いので真の風と見かけの風の差が大きく異なる。見かけの風が真横でも、真の風はかなり後ろになるし、逆に真の風が真横だと見かけの風はかなり前から吹いてくる。真のアビームとはいったいどちらの状態なのか？　あやふやである。で、そのあたり一帯をすべて含めてリーチングと称しているのではないかと思う。最近ではあまり「アビーム」という言い方を聞かない。「タイトリーチ」というとクローズホールドに近い。

ルーズフット【Loose foot】
クルージングボートのメインセールは、フットの部分にもラフ同様ボルトロープかスライダーが付いていてブームのグルーブに入れることが多い。つまりフット部分はブームにくっついている。この部分がフリー(ブームにはタックとクリューの2点で留まっている)になっているのがルーズフットだ。

レイジーガイ【Lazy guy】
ダブルシートシステムにおいて、使われていない方のアフターガイのこと。使われていない方のスピンシートはレイジーシートと呼ぶ。あるいは、両方合わせて単に「レイジー」とも。

レイライン【Lay line】
タッキングすることなしに上マークに到達することができる位置の線。下マークに対しても、あるいはスタートラインでも使う。オーバーレイといえば、レイラインを通り過ぎてしまった状態。アンダーレイといえば、まだ足りない状態。用例:「風が振れるかもしれないから2艇身アンダーレイで返しておこう」。「返す」はタックを返す＝タッキングするの略。

レグ【Leg】
マーク間のコースのこと。アップウインドレグといえば、下マーク→上マーク間のコースのこと。5レグのソーセージコースといえば、レグが5つあるという意味で、下マーク側をスタートし上下間を2周半して風上マーク側にフィニッシュするコースのこと。

ローチ【Roach】
セールの縁がふくらんでいる部分。リーチ側のふくらみはリーチローチ。ラフ側のふくらみはラフローチ。通常、ジブのラフやバテンの入っていないセールのリーチは逆にへこんでいる。これはホロウ(Hollow)。

ロープクラッチ【Rope clutch】
ハリヤードなどに用いられるシートストッパー。ジャマー、カム、あるいはメーカー名からスピンロックと呼ぶことも。最も呼び方が統一されない艤装品の1つ。

ロール【Roll】
1:セールを丸めて収納すること。←→フレーク
2:体重移動によって船をローリングさせること。ロールタックといえば、船をロールさせながらタックすることによって、スピードを落とすことなくタッキングするテクニック。ジャイブのさいにロールさせればロールジャイブ。

以前から、新人クルーに「これ読んどけ」と言って渡せる解説本が欲しい、と先輩セーラーから言われていました。

クルーワークは多岐にわたっていて、一つ一つ教えていくのは大変です。また、レベルアップを狙って自習のためのテキストを望む人も多いようです。そんな方々に本書を参考にしていただければと思います。

そして練習を積み、艇種やメンバー構成によって工夫を重ねていきながら、各チーム独自の「虎の巻」を完成させてください。

最後になりましたが、見事なリーダーシップでアクションを仕切り、執筆にあたっても多くのアドバイスをいただいた高木 裕氏、クルーを務めてくれた本田敏郎、小林正季、平野恭行、伊藝徳雄各氏、限られた日程と条件の中で見事な仕事をしてくれた矢部洋一、荒田 純両カメラマン、企画をはじめすべての段取りを担当してくれた編集の森下嘉樹氏、有り難うございました。

また、快く船を貸してくださった〈ディアボロ〉のオーナーをはじめ、関係各氏にもこの場を借りてお礼申し上げます。

高槻和宏

1955年東京生まれ。大学時代からヨットに乗り始め、卒業後も続けてヨット業界入り。修理屋、セールメーカー、回航屋、レース運営、カタログ撮影……と、ヨットに関するあらゆる業種を転々とし、現在はKAZI誌などで執筆活動中。レーシングヨットでは〈エスメラルダ〉チームに所属、ジャパンカップ、鳥羽レース、ケンウッドカップ、キーウエストレースウイークなど国内外のレースで多くのタイトルを獲得している。高木裕との共著に『図解ヨットレーシング』(舵社)、自著『GPSナビゲーション』(舵社)がある。

クラブレーサーのための
クルーワーク虎の巻

解説　高槻和宏
監修　高木 裕
写真　矢部洋一、荒田 純
イラスト　高槻和宏
セーラー　高木 裕（ヘルム）
伊藝徳雄（バウ）
本田敏郎（メインセール）
小林正季（ヘッドセール）
平野恭行（ピット）
協力　〈ディアボロ〉
ヤマハ発動機
ワイズマリン
ワイズギア
葉山マリーナー
発行者　大田川茂樹
発行所　株式会社 舵社
〒105-0013　東京都港区浜松町
1-2-17　ストークベル浜松町 3 ト
TEL:03-3434-5342
FAX:03-3434-5184
編集　森下嘉樹
装丁　鈴木洋亮
印刷　大日本印刷株式会社
2002年8月20日　第1版第1刷発行
2003年6月30日　第1版第2刷発行

定価はカバーに表示してあります。

ISBN4-8072-1034-3